职业技能鉴定考核指导用书——
职业院校职业技能鉴定考核辅导教材

助理电子商务师

人力资源和社会保障部教材办公室
广东省人力资源和社会保障厅职业技术教研室   组织编写

教材编审人员

主　编：潘朝阳
副主编：梁国平
参　编：李怀恩　黄雯雯
主　审：何　嫦

中国劳动社会保障出版社

图书在版编目(CIP)数据

助理电子商务师/潘朝阳主编. -- 北京：中国劳动社会保障出版社，2017
ISBN 978-7-5167-3324-0

Ⅰ.①助… Ⅱ.①潘… Ⅲ.①电子商务-职业培训-教学参考资料 Ⅳ.①F713.36

中国版本图书馆 CIP 数据核字(2017)第 311602 号

中国劳动社会保障出版社出版发行

(北京市惠新东街1号　邮政编码：100029)

*

三河市华骏印务包装有限公司印刷装订　　新华书店经销
787 毫米×1092 毫米　16 开本　12.25 印张　266 千字
2017 年 12 月第 1 版　　2017 年 12 月第 1 次印刷
定价：29.00 元

读者服务部电话：(010) 64929211/84209103/84626437
营销部电话：(010) 84414641
出版社网址：http://www.class.com.cn

版权专有　　侵权必究

如有印装差错，请与本社联系调换：(010) 50948191
我社将与版权执法机关配合，大力打击盗印、销售和使用盗版
图书活动，敬请广大读者协助举报，经查实将给予举报者奖励。
举报电话：(010) 64954652

前 言

实行职业技能鉴定，推行国家职业资格证书制度，是促进劳动力市场建设和发展的有效措施，关乎广大劳动者和企业发展的切身利益。由人力资源和社会保障部组织开发的职业技能鉴定国家题库网络已经建立，成为各地方职业技能鉴定的依据。近年来职业技能鉴定发展变化较快，广东等省率先采用计算机进行理论知识鉴定考核，其考试难度和范围发生了一些变化。为此，人力资源和社会保障部教材办公室与广东省人力资源和社会保障厅职业技术教研室共同组织有关鉴定专家编写了这套职业技能鉴定考核指导用书——职业院校职业技能鉴定考核辅导教材。

本套用书内容紧扣鉴定细目，针对计算机考试试题范围扩大、题库题量增加的情况，提炼大量典型例题，旨在通过强化训练，帮助考生迅速融会贯通知识和技能考点。在首批开发汽车修理工、汽车维修电工、维修电工、数控车工、装配钳工5个职业基础上，又开发了电子商务师等职业。每个职业分别开发中级技能和高级技能两个级别用书。

每本书分为试卷构成及题型介绍、理论知识考试试题和操作技能考核试题三部分。

➤ 试卷构成及题型介绍：讲解理论知识考试试卷构成及题型、操作技能考核试卷构成及考核要求，旨在使考生快速了解考试形式和考核要求。

➤ 理论知识考试试题：对接鉴定题库考核知识点，采用与理论知识考试一致的题型，试题全面练习与模拟试卷实战相结合，通过千余道试题的强化练习，提高考生应试水平。

➤ 操作技能考核试题：涵盖操作技能考核题库常考试题，详尽的配分与评分标准说明以及操作解析，使考生明晰操作技能考核要点，从而顺利通过操作技能考核。

本套用书作为参加职业技能鉴定人员考前强化用书，适用作职业院校职业技能鉴定考核辅导教材，也可作为社会化鉴定、行业鉴定以及企业技能人才评价考前培训用书。

本套用书涵盖内容广泛，虽经全体编审人员反复修改，但限于时间和水平，书中难免有不足之处，欢迎各使用单位和个人提出宝贵意见和建议，以使教材日渐完善。

人力资源和社会保障部教材办公室
广东省人力资源和社会保障厅职业技术教研室

目 录

第一部分 试卷构成及题型介绍 ·· （1）

  第一节 理论知识考试试卷构成及题型介绍 ·· （1）
  第二节 操作技能考核试卷构成及考核要求 ·· （4）

第二部分 理论知识考试试题 ·· （6）

  一、单项选择题 ·· （6）
  二、多项选择题 ·· （62）
  三、判断题 ·· （71）
  试题答案 ·· （75）
  理论知识考试模拟试卷（一） ·· （80）
  理论知识考试模拟试卷（二） ·· （89）
  理论知识考试模拟试卷（三） ·· （97）
  理论知识考试模拟试卷（一）答案 ··· （106）
  理论知识考试模拟试卷（二）答案 ··· （107）
  理论知识考试模拟试卷（三）答案 ··· （108）

第三部分 操作技能考核试题 ·· （109）

  一、一里营平台助理电子商务师技能操作练习 ································· （109）
  一里营平台技能操作模拟考试及评分（一） ····································· （109）
  一里营平台技能操作模拟考试及评分（二） ····································· （127）
  二、仿真淘宝平台助理电子商务师技能操作练习 ····························· （147）
  仿真淘宝平台技能操作模拟考试及答案（一） ································· （147）
  仿真淘宝平台技能操作模拟考试及答案（二） ································· （161）
  仿真淘宝平台技能操作模拟考试及答案（三） ································· （170）
  仿真淘宝平台技能操作模拟考试及答案（四） ································· （173）
  仿真淘宝平台技能操作模拟考试及答案（五） ································· （183）

第一部分　试卷构成及题型介绍

助理电子商务师职业技能鉴定分为理论知识考试和操作技能考核两部分，理论知识考试和操作技能考核都采用百分制，两项成绩皆达到60分以上者为合格。

理论知识考试和操作技能考核其中有一项未达60分的，须补考不合格一项。单项合格成绩有效期一年，有效期内可任选一次补考机会。补考后仍有单项不合格者，须重新申报原等级全部项目考试。

第一节　理论知识考试试卷构成及题型介绍

● 理论知识考试试卷构成和题型

目前，助理电子商务师职业技能鉴定理论知识考试采用标准化试卷，考试试卷包括单项选择题、多项选择题和判断题三大类题型，满分100分。

1. 单项选择题为"四选一"单选题型，即每道题有四个选项，其中只有一个选项为正确选项。共60题，每题1分，共60分。

2. 多项选择题即每道题有四个选项，其中有两个或两个以上选项为正确选项，错选或多选、少选均不得分，也不倒扣分。共10题，每题2分，共20分。

3. 判断题为正误判断题型，共20题，每题1分，共20分。

● 理论知识答题要求和答题时间

一、答题要求

助理电子商务师理论知识考试使用广东省国家职业资格统一鉴定智能化考试系统，考试时按要求点击选定的答案即可。考核平台答题操作界面如图1—1、图1—2、图1—3、图1—4所示。

在考试前，考评人员会对具体答题要求做详细说明。

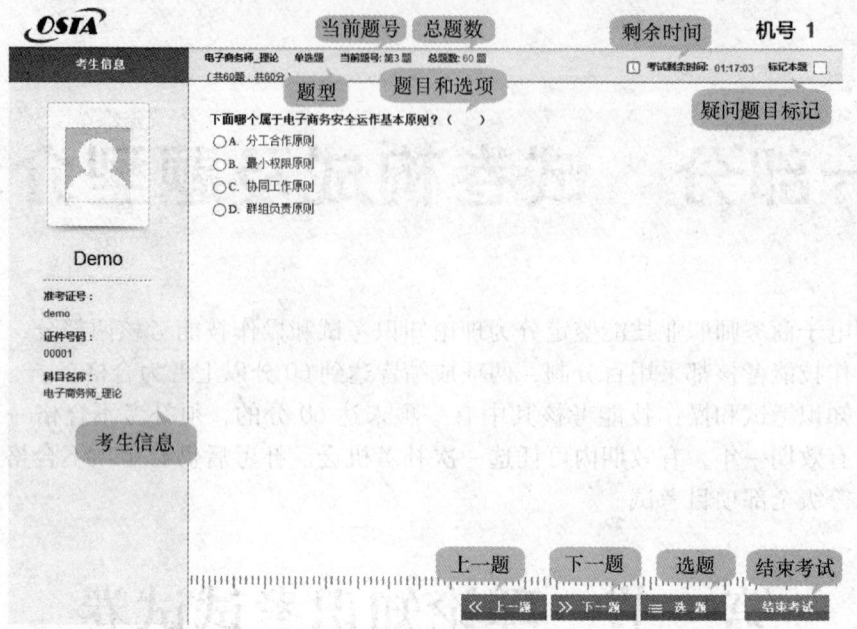

图1—1 考试答题界面

单选题答题界面如图1—2所示，考生在备选项中选择认为正确的答案即可。单选题仅能选择一个备选项。

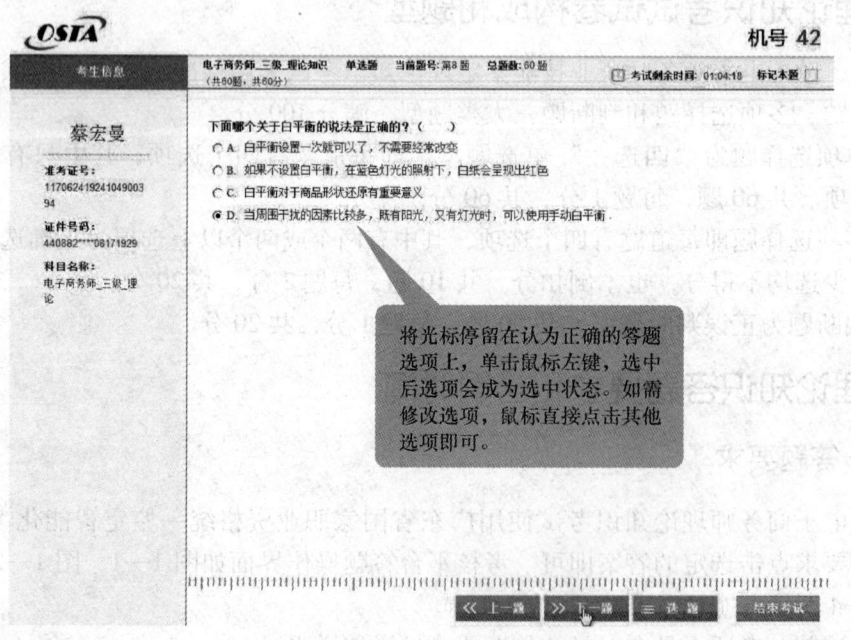

图1—2 单项选择题答题界面

多选题答题界面如图1—3所示，考生在备选项中选择认为正确的答案即可。多选题可选择两个及两个以上备选项。错选或多选、少选均不得分，也不倒扣分。

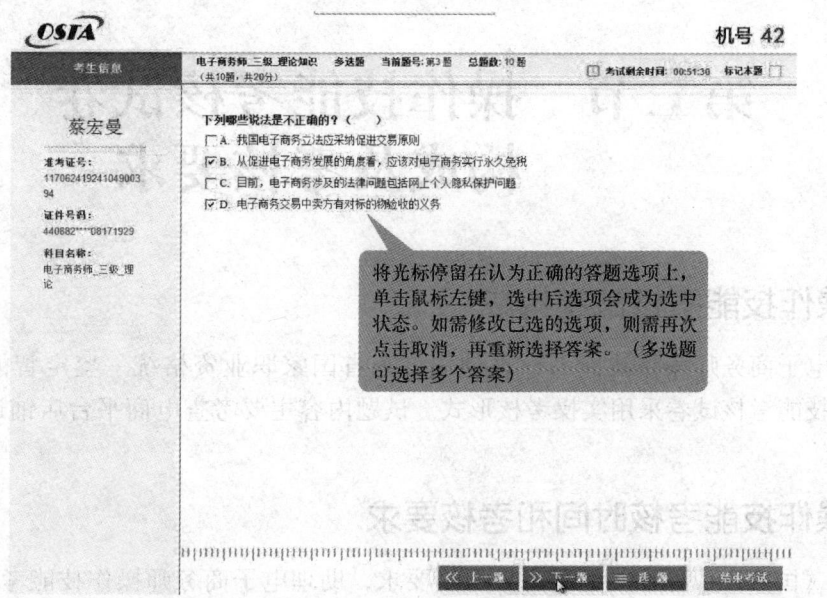

图1—3　多项选择题答题界面

判断题答题界面如图1—4所示,考生在备选项中选择认为正确的答案即可。判断题仅能选择一个备选项。

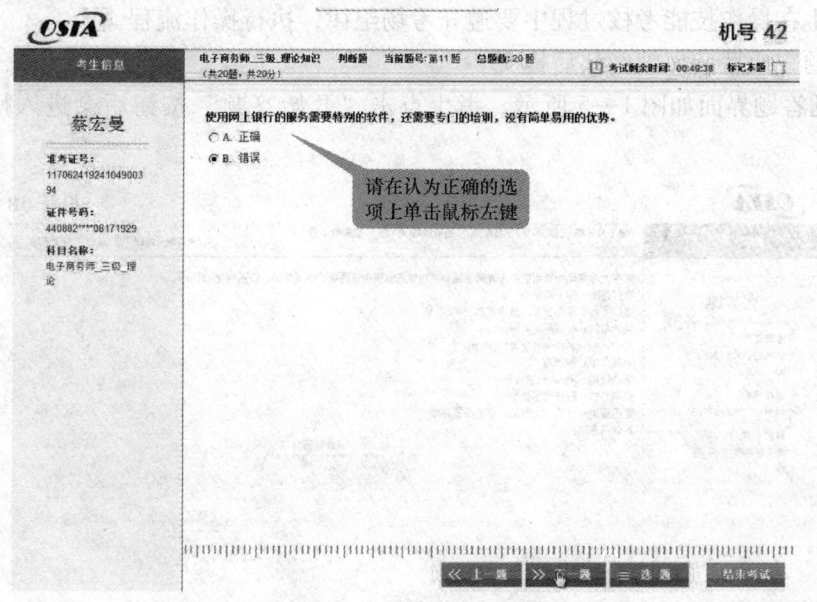

图1—4　判断题答题界面

二、答题时间

按照《国家职业标准·电子商务师》要求,助理电子商务师理论知识考试时间为90分钟。

第二节 操作技能考核试卷构成及考核要求

● 操作技能考核试卷构成

助理电子商务师操作技能考核也使用广东省国家职业资格统一鉴定智能化考试系统，操作技能考核试卷采用实操考核形式。试题内容主要考查电商平台店铺运营管理的相关技能。

● 操作技能考核时间和考核要求

按照《国家职业标准·电子商务师》要求，助理电子商务师操作技能考核满分100分，时间为120分钟。

考核要求：

1. 考生必须按照素材提供内容正确完成所有操作。
2. 考生应在技能考核平台完成对应操作内容。
3. 考生在操作技能考核过程中要遵守考场纪律，执行操作流程。
4. 考题完成后请仔细确认后提交。

操作题答题界面如图1—5所示，考生点击"开始答题"按钮后会进入操作题操作界面。

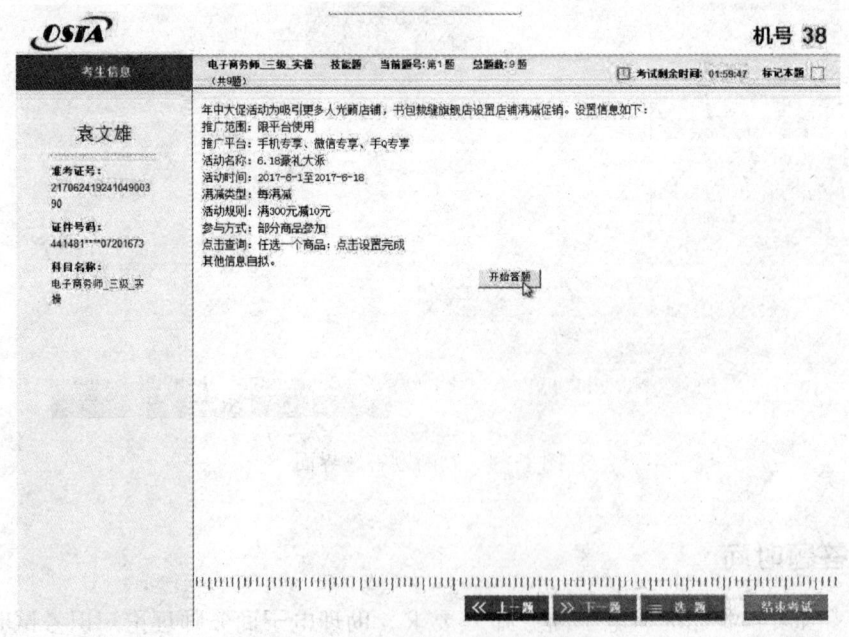

图1—5 操作题答题界面

操作题操作界面如图1—6所示,考生按照题目要求完成相关操作后,点击"完成"按钮,系统会自动返回答题界面。

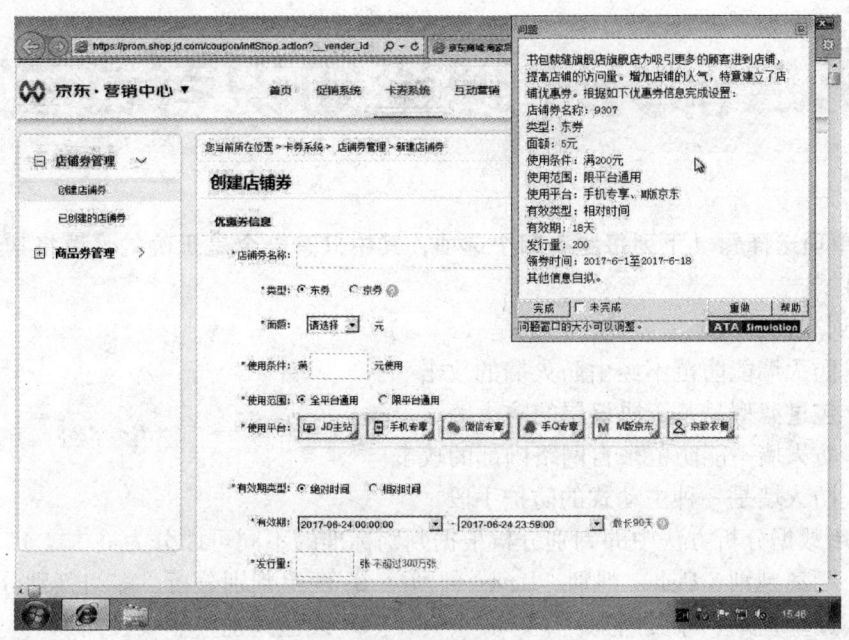

图1—6　操作题操作界面

第二部分　理论知识考试试题

一、单项选择题（下列每题有四个选项，其中只有一个是正确的，请将其代号填写在括号中）

1. 下列有关防火墙的叙述正确的是（　　）。
   A. 防火墙能防范不经由防火墙的攻击
   B. 包过滤型是基于协议层的防火墙
   C. 防火墙不能防范来自网络内部的攻击
   D. 防火墙是一种主动式的防护手段
2. 常用数据分析方法中的判别分析根据判别标准的不同可以分为（　　）。
   A. 距离判别、Fisher 判别、Bayes 判别　　B. 两组判别分析、多组判别分析
   C. 逐步判别、序贯判别　　　　　　　　　D. 线性判别、非线性判别
3. 调研问卷的卷首不包括（　　）。
   A. 调研目的　　　　　　　　　　　　　　B. 称呼
   C. 填写者受益情况　　　　　　　　　　　D. 调研问题与参考选择答案
4. 从产业链上看，移动支付的主要参与者包括消费者、（　　）、银行、移动运营商和商户。
   A. 平台服务商　　B. 平台提供商　　C. 网络服务商　　D. 内容提供商
5. 下列选项不是第三方 B2B 电子商务平台主要特点的是（　　）。
   A. 周期长　　　　B. 安全性高　　　C. 凝聚力强　　　D. 成本低
6. 下列选项不是互联网特点的是（　　）。
   A. 检索使用方便　　　　　　　　　　　　B. 永远提供最新的信息内容
   C. 入网方式灵活多样　　　　　　　　　　D. 信息传播范围广
7. 中国电信获得（　　）3G 牌照。
   A. CDMA2000　　B. SCDMA2000　　C. WCDMA　　D. TD-SCDMA
8. IP 地址的主机标识部分出现（　　）时表示为广播。
   A. 172　　　　　B. 127　　　　　C. 255　　　　　D. 10
9. 下列选项不是搜索引擎营销常见方式的是（　　）。
   A. 搜索引擎优化　　　　　　　　　　　　B. 关键字广告
   C. 换马甲营销　　　　　　　　　　　　　D. 网页内容定位
10. 对于以网页内容相关性为主的蜘蛛型搜索引擎，搜索引擎优化时（　　）。
    A. 在 META 标签中设置有效的关键字和网站描述
    B. 可以专门为搜索引擎设计一个便于检索的页面

C. 增加网站的服务

D. 增加网站的层次

11. 搜索引擎营销的主要特点有（　　）。
 A. 搜索引擎营销可信度更高
 B. 搜索引擎营销是一种用户主导的网络营销
 C. 搜索引擎营销无须适应网络服务环境的发展变化
 D. 搜索引擎营销具有更大的自主性，并且无须直接付费

12. 搜索引擎营销是一种（　　）的网络营销。
 A. 搜索引擎主导　　　　　　　　B. 企业主导
 C. 第三方平台主导　　　　　　　D. 用户主导

13. 下列说法正确的是（　　）。
 A. Wais 是一个基于超文本方式的信息查询工具
 B. Safari 是 Microsoft 公司的浏览器
 C. http 协议的作用是访问广域网信息服务网站
 D. 无论使用什么操作系统，访问哪个国家的网站，都可以借助浏览器完成

14. 电子商务物流的特征包括（　　）。
 A. 物流功能网络化　　　　　　　B. 物流目标系统化
 C. 物流作业快速化　　　　　　　D. 物流手段差异化

15. 物流对电子商务的影响论述中错误的是（　　）。
 A. 电子商务中的任何一笔交易，都包含着物流
 B. 电子商务下，对大多数商品和服务可以通过网络传输的方式进行配送
 C. 物流系统效率高低是电子商务成功与否的关键
 D. 物流是实施电子商务的关键

16. （　　）是以物流系统为核心的由生产企业建立，经由物流企业、销售企业直至消费者的供应链的整体化和系统化模式。
 A. 第四方物流模式　　　　　　　B. 自营物流模式
 C. 第三方物流模式　　　　　　　D. 集中物流模式

17. （　　）指为在流通过程中保护产品、方便储运、促进销售，按一定的技术方法采用的容器、材料及辅助物等的总体名称。
 A. 加工　　　　B. 储存　　　　C. 装卸　　　　D. 包装

18. 第三方物流企业按业务功能不同一般分为四个中心，即客户联络中心、配送中心、（　　）、营销中心。
 A. 生产控制中心　　　　　　　　B. 存储管理中心
 C. 包装加工中心　　　　　　　　D. 采购信息中心

19. 文明礼貌是从业人员的基本素质，不包括（　　）。
 A. 仪表端庄　　B. 语言规范　　C. 举止得体　　D. 礼尚往来

20. 下列关于网络营销的特点正确的是（　　）。
 A. 强制式、成长性、整合性　　　B. 成本高、个性化、超前性

C. 滞后性、交互式、多媒体 D. 高效性、经济性、技术性
21. （　　）两个子系统组成了电子商务物流系统。
    A. 物流运输系统与物流保管系统 B. 物流组织系统与物流运输系统
    C. 物流作业系统与物流信息系统 D. 物流功能系统与物流资源系统
22. 电子支付可能引起的法律问题不包括（　　）。
    A. 危害公共安全技术的发展问题
    B. 当事人在支付活动中的地位
    C. 电子支付的伪造、变造、更改与涂销问题
    D. 资金转移的法律关系
23. 安全交易协议包括（　　）。
    A. DEC B. SET C. RSA D. TCP
24. 市场营销组合又称4Ps组合，由（　　）四个基本策略构成。
    A. 采购策略、优化策略、交易策略、促销策略
    B. 产品策略、价格策略、渠道策略、促销策略
    C. 计划策略、经营策略、投资策略、促销策略
    D. 经营策略、交换策略、博弈策略、促销策略
25. 网络词语"骨灰级"表示（　　）。
    A. 资格老 B. 级别很低 C. 不存在的ID D. 死人
26. （　　）理论认为，网络的出现为企业和顾客提供了直接交互式营销网络渠道，企业和顾客可以直接在网上展开交互式营销活动，顾客可通过网络直接向企业下订单付款，顾客对企业的营销努力有一个明确的回复，企业可以统计到这种明确回复的数据，由此对营销活动的成效做出评价，从而使营销具有可测试性、可度量性和及时改进性等特点。
    A. 软营销 B. 直复营销 C. 网络整合营销 D. 硬营销
27. 第三代无线通信系统简称3G，是指将（　　）与互联网等多媒体通信结合的无线通信系统。
    A. 电信网 B. 固话网 C. 移动梦网 D. 无线通信网络
28. 下列选项中属于域名服务器的是（　　）。
    A. ICANN B. CNNIC C. DNS D. ISP
29. 电子商务安全的内容包括计算机网络安全、电子商务系统安全管理制度、（　　）三个方面。
    A. 企业系统安全 B. 交易平台安全
    C. 计算机用户安全 D. 商务交易安全
30. 在安全管理制度中，数据备份制度属于（　　）制度。
    A. 网络系统的日常维护 B. 病毒防范
    C. 跟踪、审计 D. 人员管理
31. 下列选项中属于网络安全管理技术手段的是（　　）。
    A. 保密制度 B. 防火墙

C. 信息有效性检查　　　　　　　　D. 数字签名

32. 下列有关电子邮件的说法正确的是（　　）。
    A. 通过电子邮件，用户只能传送文本信息
    B. 电子邮件的使用方式中，客户端方式与www方式相比更加方便、快速，但配置、维护工作量也较大
    C. Foxmail 和 Macro Express 都是邮件客户端程序
    D. 只有同一网站邮件服务器的用户才可以互相收发邮件

33. 下列有关电子邮件的说法正确的是（　　）。
    A. 电子邮件服务是一种通过计算机网络与其他用户进行联系的快速、简便、高效、价廉的现代化通信手段
    B. 如果电子邮件到达时，该用户并没有上网，那么已到达的电子邮件将退回给发信人
    C. 在电子邮件服务中采用SMTP协议作为收信协议
    D. 用户的电子邮件一般直接自动存放到用户的计算机中

34. 点击率（Clicks Ratio）是指（　　）。
    A. 网络广告显示的频率
    B. 网络广告被点击的频率
    C. 网络广告被浏览的频率
    D. 网络广告被点击次数与显示次数之比

35. 下列说法错误的是（　　）。
    A. 电子商务系统组成成员包括认证中心、销售中心、配送中心
    B. 电子商务的社会环境不包括基础设施
    C. 安全套接层协议（SSL）的作用是保障Web网站数据的安全
    D. 电子商务系统的框架结构中的传输层又称为信息发布平台

36. 电子商务的社会环境不包括（　　）。
    A. 法律法规　　　B. 公共政策　　　C. 安全协议　　　D. 公共交通

37. 不属于电子商务系统组成成员的是（　　）。
    A. 配送中心　　　B. 维修中心　　　C. 销售中心　　　D. 认证中心

38. 网上推广手段包括（　　）。
    A. 户外广告　　　　　　　　　　　B. 通过新闻媒体宣传
    C. 印刷品广告　　　　　　　　　　D. 提供免费服务

39. 下列关于白平衡的说法正确的是（　　）。
    A. 白平衡使拍摄较小的商品达到清晰的效果
    B. 白平衡控制了镜头的焦距
    C. 当干扰的光源太多时，可以使用固定的白平衡模式
    D. 拍摄的地点更换后，就需要重新设置手动白平衡

40. 选择拍摄商品图片的数码相机时要考虑的要素是（　　）。
    A. CCD　　　　　B. ACD　　　　　C. DCD　　　　　D. BCD

41. 图片太小会影响商品的清晰度和买家的购买欲，图片太大则会影响浏览速度且不利于上传。这时候就要对图片进行（　　）。
　　A. 色彩调整　　　　B. 曝光补偿　　　　C. 锐化　　　　D. 缩放

42. 长期 Email 营销通常以企业内部注册会员资料为基础，其邮件列表的主要表现形式不包括（　　）。
　　A. 新闻邮件　　　　B. 顾客服务　　　　C. 产品促销　　　　D. 电子杂志

43. 电子邮件营销在实际应用中可以按照营销计划分类，（　　）通常以企业内部注册会员资料为基础，主要表现为新闻邮件、电子杂志、顾客服务等各种形式的邮件列表，其作用更多地表现在顾客关系、顾客服务、企业品牌等方面。
　　A. 非经营型 Email 营销　　　　B. 长期 Email 营销
　　C. 外部 Email 营销　　　　　　D. 顾客关系 Email 营销

44. 电子邮件营销有三个基本因素：基于用户（　　）、通过电子邮件传递信息、信息对用户是有价值的。三个因素缺少一个，都不能称为规范的电子邮件营销。
　　A. 满意　　　　B. 交费　　　　C. 预订　　　　D. 许可

45. 计算机病毒（　　）的功能是伴随其宿主程序的运行，将病毒程序从光盘等外部媒体引入内存。
　　A. 传输模块　　　　B. 引导模块　　　　C. 转移模块　　　　D. 控制模块

46. 计算机病毒防御应着重从（　　）两方面进行。
　　A. 外部防范、内部防范　　　　B. 管理上防范、技术上防范
　　C. 物理防范、操作防范　　　　D. 资源防范、控制防范

47. 下列有关电子商务安全要求的说法正确的是（　　）。
　　A. 信息的完整性包括信息不被篡改、不被遗漏
　　B. 通信的不可抵赖、不可否认要求要能确认对方的身份
　　C. 信息的标准性要求交易各方的信息都遵循统一标准
　　D. 信息的一致性要求信息的收发方获得的信息是一致的

48. 在互联网上攻击通常使用（　　）途径获得密码。
　　A. 网上搜索　　　　B. 网络测试　　　　C. 信号分析　　　　D. 终端盗取

49. 下列说法错误的是（　　）。
　　A. 在电子商务交易过程中，合同可以采用电子邮件或电子数据交换（EDI）进行签约，将采用数字签名等方式签名，采用安全保密传送方式交换电子合同文件
　　B. 在电子商务一般的交易过程中，买卖双方完成必要手续之后，随着物流、信息流和资金流，卖方要按约给出发货通知，启动相应机构完成对应服务项目，进行备货、发货、报关、保险、取证、信用等业务。这些行为属于"交易合同履行"阶段
　　C. 电子商务的交易全部都在网络上进行，因而能够实现高效率、低成本的目标
　　D. 在电子商务一般的交易过程中，卖方为本企业的商品做好市场调查和分析，制定销售策略和方式，不断利用互联网站发布广告，诱发客户的需求，给出

报价和优惠消息，寻找贸易伙伴和商机，想方设法扩大市场份额等。这些行为属于"交易前准备"阶段

50. The Web Browser is a simple program that enables a computer to （　　） and view pages on the Web.

  A. downgrade   B. downfall   C. download   D. downward

51. 网络表情：-（表示（　　）。

  A. 可爱   B. 悲伤   C. 喜欢   D. 幸福

52. 关于HTML标签，下列说法正确的是（　　）。

  A. 不同标签之间可以交叉，但不能嵌套

  B. 标签必须带有属性

  C. 属性只可加于起始标签中

  D. 标签对大小写敏感

53. 下列关于HTML文档的说法错误的是（　　）。

  A. 文档中最先出现的HTML标签是\<html>标签

  B. HTML语言是由文字、标记、控制符组合而成

  C. 任何能将文件存成ASCII纯文本格式的文字编辑器都可以编辑HTML文档

  D. HTML文档结构分为文件头和文件体

54. 下拉列表包括（　　）两个标签。

  A. \<list>、\<item>   B. \<input>、\<select>

  C. \<select>、\<option>   D. \<list>、\<option>

55. 关于HTML文档，下列说法正确的是（　　）。

  A. HTML文档中\<title>标签的内容是显示在网页上的

  B. HTML文档可以连接互联网上除了执行程序外的所有资源

  C. HTML文档要用专门的网页制作工具进行编写

  D. 把HTML文档从Windows 2003系统复制到UNI系统上使用，不需要做任何改动

56. 下列关于标签的说法错误的是（　　）。

  A. 在不同操作平台上标签有不同的意义

  B. 标签可以规定文字的大小

  C. 标签规定HTML文档显示的格式

  D. 标签表示整个HTML文档的结构

57. 在HTML文档的图片标签中，下列属性表示图片来源的是（　　）。

  A. href   B. img   C. src   D. url

58. 在认证中心体系结构中最高层次的认证中心是（　　）。

  A. MCA   B. CCA   C. PCA   D. RCA

59. 下列有关数字签名的说法正确的是（　　）。

  A. 数字签名需要使用接收者的公钥

  B. 数字签名能够确认信息自签发后到收到为止未曾做过任何修改

C. 数字签名能够保密地传送信息
D. 数字签名需要使用接收者的私钥

60. 下列选项中属于职业道德范畴的是（　　）。
    A. 员工的技术水平　　　　　　　　B. 企业经营业绩
    C. 企业发展战略　　　　　　　　　D. 人们的内心信念

61. 对待职业和岗位，（　　）并不是爱岗敬业所要求的。
    A. 树立职业理想　　　　　　　　　B. 一职定终身，不改行
    C. 强化职业责任　　　　　　　　　D. 干一行爱一行专一行

62. 职业道德的特征之一是内容上的（　　）。
    A. 多样性和稳定性　　　　　　　　B. 强制性和局限性
    C. 连续性和有限性　　　　　　　　D. 稳定性和连续性

63. 下列选项中属于办事公道的是（　　）。
    A. 有求必应，来者不拒　　　　　　B. 不徇私情，不计个人得失
    C. 顾全大局，一切听从上级　　　　D. 知人善任，努力培养知己

64. 下列选项中属于团结互助的是（　　）。
    A. 按原则办事　　B. 公私分明　　C. 顾全大局　　D. 光明磊落

65. 关于创新的论述错误的是（　　）。
    A. 优质高效需要开拓创新　　　　　B. 开拓创新需要有坚定的信心和意志
    C. 创新是个人事业取得成功的关键因素　D. 创新就是否定常规

66. 下列说法错误的是（　　）。
    A. 使用表格，可以将信息通过网格格式显示
    B. PNG 图片格式不能在网页上显示
    C. 使用表格，可以在网页上同时布置文本和图形
    D. 网页上的图片可以用作导航按钮

67. CSS 作为一种样式表语言，用于为（　　）定义布局。
    A. DTD 文档　　B. ML 文档　　C. RML 文档　　D. HTML 文档

68. 下列论坛营销方法中可以使你每次在论坛上发表新帖或者回复帖子的时候直接为你带来一次曝光机会的是（　　）。
    A. 签名营销　　B. 长帖短发　　C. 话题营销　　D. 换马甲营销

69. 电子邮件营销根据对用户 Email 地址资源的所有形式，可分为（　　）。
    A. 内部 Email 营销和外部 Email 营销
    B. 经营型 Email 营销和非经营型 Email 营销
    C. 临时性的 Email 营销和长期 Email 营销
    D. 顾客关系 Email 营销和顾客服务 Email 营销

70. 电子商务交易的安全要求不包括（　　）。
    A. 信息的完整性　　　　　　　　　B. 信息的有效性
    C. 交易的合法性　　　　　　　　　D. 通信的不可抵赖、不可否认

71. 相对于传统的市场营销，网络营销具有独特的优势，其中不包括（　　）。

A. 网络营销具有极强的互动性，可以帮助企业实现全程目标的运营管理

B. 通过互联网络可以有效地服务于顾客，满足顾客的需求

C. 网络营销比传统市场营销传播途径更广泛

D. 网络营销有助于企业降低成本费用

72. （　　）又称沟通策略。
   A. 价格策略　　　B. 渠道策略　　　C. 促销策略　　　D. 产品策略

73. 现代市场营销学把市场营销的功能分为四类，下列选项中错误的是（　　）。
   A. 物流功能　　　B. 便利功能　　　C. 交换功能　　　D. 定价功能

74. 通过互联网络进行信息交换，代替以前的实物交换，一方面可以减少印刷与邮递成本，可以无店面销售，免交租金，节约水电与人工成本，另一方面可以减少由于来回多次交换带来的信息缺失。以上是关于网络营销（　　）特点的表述。
   A. 整合性　　　B. 技术性　　　C. 经济性　　　D. 超前性

75. 在电子商务安全要求中，要使网上交易成功，参与交易的人首先要能（　　）。
   A. 确认交易时间　　　　　　B. 互通邮件
   C. 确认对方的身份　　　　　D. 互相见面

76. 市场营销全过程的本质是（　　）。
   A. 商业运作过程　　　　　　B. 产品推销过程
   C. 引导消费过程　　　　　　D. 商品交换过程

77. （　　）是互联网上攻击者获得密码的途径之一。
   A. 拒绝攻击　　　B. 网络声明　　　C. 网上搜索　　　D. 网络截获

78. 发送电子邮件时在信体中写"subscribe list_name"，可以（　　）邮件列表。
   A. 取消　　　B. 编辑　　　C. 删除　　　D. 注册

79. 认证中心体系结构中负责为行业认证中心颁发及管理证书的是（　　）。
   A. RCA　　　B. CCA　　　C. MCA　　　D. BCA

80. 下列有关数字签名的说法正确的是（　　）。
   A. 数字签名能够确认接收方的身份
   B. 数字签名可以保证信息的完整性、防篡改性
   C. 数字签名包含数字信封的作用
   D. 数字签名能够确保发送的信息不被他人窃取

81. 标题中滥用品牌名称的商品是（　　）。
   A. 可媲美周大福的小金猪　　　B. 施华洛世奇水晶饰品
   C. 买老凤祥项链赠首饰盒　　　D. 出售周生生的戒指

82. 下列选项中不是后期处理时对图片色彩调整的方法的是（　　）。
   A. 色阶调整　　　　　　　　B. 提高图片清晰度
   C. 调整亮度、对比度　　　　D. 透明水印

83. 设置白平衡的目的是（　　）。
   A. 让照片更明亮或者更昏暗
   B. 告诉相机在不同的光线条件下白色应该呈现的颜色

C. 使拍摄较大的商品达到清晰的效果
D. 把物体细节表现得更清楚

84. 下列关于光圈快门的说法正确的是（　　）。
    A. 快门控制镜头的焦距　　　　　　B. F 值越大，光圈越小
    C. 使用小光圈相应的快门要快　　　D. 大光圈可以拍摄的景深大

85. 关于网络广告的定价，下列说法错误的是（　　）。
    A. 广告摆放位置与价格关系不大
    B. 伴随关键字检索显示的旗帜广告具有很强的针对性，相对而言效果也较好，这类广告往往价格较高
    C. 旗帜广告提供商的知名度越高，访问人数越多，广告价格也就越高
    D. 广告的幅面越大，价格越贵

86. 下面说法正确的是（　　）。
    A. 第三方电子商务平台为大型企业应用电子商务提供了有力的支持
    B. 自建网上商店可以解决交易双方的身份认证问题，使交易更加安全
    C. 拍拍网属于第三方 B2B 电子商务平台
    D. 相对于大多数企业通过其他形式开展的营销活动而言，通过 B2B 第三方平台交易成本相对较低

87. 下列说法正确的是（　　）。
    A. 电子商务的安全协议中的安全超文件传输协议（SHTTP、HTTPS）的作用是保障电子邮件的安全传输
    B. 电子商务的安全协议中的 S/MIME 的作用是保障用户、商家和银行之间通过电子信用卡支付的安全
    C. 电子商务系统的框架结构中的传输层又称为网络平台
    D. 支付网关属于电子商务系统框架结构中的服务层

88. 电子商务物流配送的特点包括（　　）。
    A. 多样化　　　B. 合作化　　　C. 智能化　　　D. 整体化

89. 135 相机的镜头焦距是 500 mm，这个镜头是（　　）镜头。
    A. 长焦　　　B. 中长焦　　　C. 标准　　　D. 广角

90. 下列选项中属于物流基本要素的是（　　）。
    A. 控制　　　B. 生产　　　C. 采购　　　D. 包装

91. 在电子商务环境下物流需求发生了新变化，体现在（　　）。
    A. 物流服务需求特殊化　　　　　　B. 物流服务需求单一化
    C. 消费者的地区分布集中化　　　　D. 销售的商品标准化

92. 下列选项中属于现代物流发展趋势的是（　　）。
    A. 现代物流的柔性化趋势
    B. 现代物流的集中化趋势
    C. 仓储、运输的现代化与综合体系化趋势
    D. 物流中心、批发中心、配送中心的分工趋势

93. 下列选项中按照物流活动的空间范围分类的是（　　）。
    A. 第四方物流　　　B. 销售物流　　　C. 行业物流　　　D. 地区物流
94. 下列选项中属于第三方物流主要运行模块的是（　　）。
    A. 在途监控模块　　　　　　　　　B. 生产控制模块
    C. 加工管理模块　　　　　　　　　D. 采购信息模块
95. 淘宝的默认排名制度是（　　），也就是说剩余时间越少，排名越靠前。
    A. 优先排名制　　B. 轮流坐庄制　　C. 热门排名制　　D. 推广优先制
96. 淘宝网店的分类设置中分类可以设置为（　　）级。
    A. 无限　　　　　B. 5　　　　　　C. 3　　　　　　D. 2
97. 主机域名 public.tpt.tj.cn 由4个子域组成，其中（　　）子域代表一级域名。
    A. cn　　　　　　B. tj　　　　　　C. tpt　　　　　D. public
98. 图片是网店的灵魂，优质宝贝图片是网店的基础，产品图片的质量显得尤为重要。以下说法正确的是（　　）。
    A. 质量好的图片可以激发用户购买欲望，还平添买家对网店的正面印象
    B. 图片质量与产品质量、网店形象没有本质联系
    C. 有冲击力的高品质产品图片能大大提升目标客户购买欲望，产品自身品质得到改变
    D. 卖家都是通过网店中的产品图片来直观感受产品质量和网店形象
99. 黑客在网上经常采用的手段不包括（　　）。
    A. 寻找系统漏洞　　B. 增加用户　　C. 偷取特权　　D. 截取口令
100. 下列选项中属于电子商务安全运作基本原则的是（　　）。
    A. 群组负责原则　　　　　　　　　B. 分工合作原则
    C. 最小权限原则　　　　　　　　　D. 协同工作原则
101. 下面有关 URL 的描述，不正确的是（　　）。
    A. URL 的一般格式为"协议名://域名/目录名/文件名"
    B. 电子邮件地址不属于 URL
    C. 在互联网上，每一个网站都只有一个地址，这个地址通常被称为 URL
    D. 有时对某些资源的访问来说，需给出相应的服务器提供的端口号
102. 博客营销的特点有（　　）。
    A. 博客与企业网站相比，文章的内容题材和发布方式更为灵活
    B. 与博客营销的信息发布方式相比，论坛文章显得更正式，可信度更高
    C. 与门户网站发布广告和新闻相比，博客传播具有的自主性较少
    D. 不具有搜索引擎可见性
103. 职业道德是指从事一定职业的人们，在特定的工作和劳动中以其内心信念和特殊社会手段来维系的，以善恶进行评价的心理意识和（　　）的总和。
    A. 劳动技能　　　B. 思维习惯　　　C. 操作程序　　　D. 行为准则
104. 在淘宝装修中增加宝贝推荐方式设置中宝贝推荐包括手工推荐和（　　）。
    A. 指定推荐　　　B. 自动推荐　　　C. 分类推荐　　　D. 人气推荐

105. 网上银行全面实现无纸化交易表现在（ ）。
    A. 办公文件全部改为无纸化形式
    B. 原来纸质文件的邮寄变为通过银行内部网络进行传送
    C. 使用的票据和单据全部被电子支票、电子汇票和电子收据所代替
    D. 原来的纸币被电子货币，即电子现金、电子钱包、电子信用卡所代替

106. 下列关于职业道德的说法，错误的是（ ）。
    A. 职业道德是事业成功的重要前提，没有职业道德的人干不好任何工作
    B. 职业道德是人们在从事职业的过程中形成的一种内在的、强制性的约束机制
    C. 职业道德是指从事一定职业的人们，在特定的工作和劳动中以其内心信念和特殊社会手段来维系的，以善恶进行评价的心理意识、行为准则的总和
    D. 在市场经济条件下，职业道德具有促使人们的行为规范化以及提高企业竞争力的作用

107. 下列关于诚实守信的说法错误的是（ ）。
    A. 诚实守信是维持市场经济秩序的基本原则
    B. 诚实守信的具体要求包括维护企业信誉，树立产品质量意识，重视服务质量
    C. 保守企业秘密不是诚实守信的表现
    D. 诚实劳动、关心企业发展、遵守合同和契约属于诚实守信的表现

108. 爱岗敬业的具体要求之一是强化（ ）。
    A. 职业目标　　B. 职业风气　　C. 职业责任　　D. 职业理想

109. 文明礼貌是从业人员的基本素质，文明礼貌指的是（ ）。
    A. 仪表华丽、语气亲切、态度恭敬、亲切友好
    B. 穿着讲究、语言简洁、毕恭毕敬、主动热情
    C. 仪表端庄、语言规范、举止得体、待人热情
    D. 着装朴素、语言谨慎、形象庄重、微笑迎客

110. 爱岗敬业的具体要求是树立（ ）、强化（ ）、提高（ ）。
    A. 职业信仰　事业目标　企业效益　　B. 职业理想　职业责任　职业技能
    C. 远大目标　岗位职责　服务意识　　D. 行业标准　服务意识　工作效率

111. 办事公道的具体要求是（ ）。
    A. 公平公正、公私分开、实事求是
    B. 大公无私、顾全大局、公开办事
    C. 按照原则办事、不徇私情、不计个人得失
    D. 廉洁奉公、原则至上、有求必应

112. 3G技术的全称是（ ）。
    A. 第三次移动服务　　　　　　B. 第三次移动系统
    C. 第三代移动通信　　　　　　D. 第三代系统

113. 下列关于 B 类网络的说法正确的是（　　）。
    A. 头三段号码为网络标识号，后一个为本地标识号
    B. 四段号码均为主机标识号，没有网络标识号
    C. 头两段号码为网络标识号，后两个为本地标识号
    D. 头一段号码为网络标识号，后三个为本地标识号

114. 我国的 CN 域名由（　　）负责管理。
    A. CNNET　　　B. ICANN　　　C. ICNET　　　D. CNNIC

115. 具有顾客获取满意满足成本（cost to satisfy wants and needs）是网络营销成败的关键。其中网络交易的卖方成本包括（　　）。
    A. 顾客承担的风险、顾客付出的时间和精力、浏览成本
    B. 网站推广成本、浏览成本、生产成本
    C. 网络化建设成本、网站推广成本、网络营销成本
    D. 顾客服务成本、配送成本、顾客承担的风险

116. 下列选项中不是常见和有效的论坛营销方法的是（　　）。
    A. 论坛签名营销　　B. 短帖反复重发　　C. 话题营销　　D. 换马甲营销

117. 关于网络营销的特点，下列表述正确的是（　　）。
    A. 互联网是一种功能最强大的营销工具，它所具备的一对一营销能力，正是符合定制营销与直复营销的未来趋势
    B. 网络营销无法避免不同传播中不一致性产生的消极影响
    C. 网络营销的成长性是指通过互联网进行购买，具有很强的市场影响力
    D. 网络营销可以进行一对一的由消费者主导的高成本与人性化的促销

118. 网络营销作为新的营销方式和营销手段实现企业营销目标，它的内容非常丰富。关于网络营销的内容，下列表述错误的是（　　）。
    A. 在网上开展促销活动是最有效的沟通渠道，但必须遵循网上一些信息交流与沟通规则，特别是遵守一些虚拟社区的礼仪
    B. 企业在制定网络营销策略时，一般可以忽略产品周期对制定网络营销策略的影响
    C. 互联网作为信息沟通工具，正成为许多兴趣、爱好趋同的群体聚集交流的地方，并且形成一个个特征鲜明的网上虚拟社区，因此了解这些虚拟社区的群体特征和偏好是网上消费者行为分析的关键
    D. 网络营销必须重视和有效控制许多传统营销活动无法碰到的新问题，否则网络营销效果可能适得其反，甚至会产生很大的负面效应

119. 在现代市场营销学中，市场营销的功能分为四类。其中，便利功能不包括（　　）。
    A. 寻找市场　　　　　　　　B. 产品标准化和分级
    C. 风险承担　　　　　　　　D. 资金融通

120. 与传统营销相比，网络营销具有的优势不包括（　　）。
    A. 网络营销有助于企业降低成本费用

B. 网络营销是以顾客为导向,强调个性化的营销方式,比传统市场营销的任何一种方式或阶段都更能体现顾客的"中心地位",顾客可以根据自己的特点和需求在全球范围内不受限制地寻找满意的商品
C. 可以通过网络给用户发送信息,不必再费时费力与顾客建立密切的关系
D. 现代营销管理应该从产品的设计阶段就开始充分考虑消费者的需求和意愿,在网络环境下,使消费者有机会对产品的设计、包装、定价、服务等发表意见。通过这种双向互动的沟通方式,提高了企业营销策略的针对性,有助于实现企业全程营销目标

121. (　　)防火墙是基于网络层的防火墙。
   A. 安全服务型　　B. 层级型　　C. 包过滤型　　D. 代理服务型

122. 关于网民的网络接入情况,下列说法错误的是(　　)。
   A. 目前,我国手机网民在单位接入WiFi无线网络的比例比在家里接入WiFi无线网络高
   B. 目前,我国手机网民中通过3G/4G上网的比例比通过WiFi接入互联网比例高
   C. 除3G/4G外,WiFi无线网络业成为主要的上网方式
   D. 我国通信基础设施的建设和升级、运营商的积极推动以及网民对移动端高流量应用的使用需求,共同推动了2G用户向3G/4G用户的迁移

123. 下列说法不正确的是(　　)。
   A. 网上支付是电子支付的一种形式
   B. 网上支付具有方便、快捷、高效、经济的优势
   C. 电子支付市场每年都在不断成长
   D. 电子支付的发展与电子商务的发展没有多大关联

124. 下列说法正确的是(　　)。
   A. 消费者对消费者电子商务简称为B2B
   B. 电子商务较之传统商业具有使用和交易更为复杂的特点
   C. 电子商务将对人类社会产生重要的影响,包括改变了需求结构
   D. "电子商务就是在互联网开放的网络环境下,基于浏览器/服务器应用方式,实现消费者的网上购物、商户之间的网上交易、在线电子支付以及有关方的网络服务的一种新型的商业运营模式",这一表述是行内对电子商务比较常见的表述

125. 下列说法错误的是(　　)。
   A. "电子商务就是在互联网开放的网络环境下,基于浏览器/服务器应用方式,实现消费者的网上购物、商户之间的网上交易、在线电子支付以及有关方的网络服务的一种新型的商业运营模式",这一表述是行内对电子商务比较常见的表述
   B. 电子商务较之传统商业具有全面增强企业的竞争力的特点
   C. 电子商务按交易的内容基本上分为企业电子商务和消费者电子商务

D. 跨国公司和大中型企业借助 Intranet 商务，可将其分布在世界各地的分支机构以及总部内有关部门联通起来，使企业各级管理人员按级分享内部信息，使在线业务取代一些纸面业务，从而有效地降低交易成本，提高运营效益

126. 关于 HTML 标签，下列说法错误的是（　　）。
    A. 有结束标签必然要有起始标签
    B. 标签必须对应网页上一个可以显示的元素
    C. 不是所有标签都有结束标签
    D. </textarea>一定是结束标签

127. 下面关于 HTML 的说法正确的是（　　）。
    A. HTML 文档标题显示在网页中
    B. HTML 语言由文字、标记、控制符组合而成
    C. HTML 语言描述程序执行的语言
    D. 任何能将文件存成 ASCII 纯文本格式的文字编辑器都可以编辑 HTML 文档

128.
标签的作用是（　　）。
    A. 水平线　　　　B. 换行　　　　C. 注释　　　　D. 粗体字

129. <!-- ... -->标签的作用是（　　）。
    A. 换行　　　　B. 水平线　　　　C. 注释　　　　D. 粗体字

130. 样式表定义（　　）。
    A. 如何显示 DTD　　　　　　　　B. 如何显示 XLS
    C. 如何显示 XML　　　　　　　　D. 如何显示 HTML 元素

131. 下列网页制作的原则正确的是（　　）。
    A. 网页命名要复杂
    B. 要大量使用多媒体文件
    C. 网页的设计要尽量做到在不同的环境下都能浏览
    D. 图形的文件要尽可能大

132. 确定调研对象属于网络市场调研中（　　）的内容。
    A. 根据企业经营目标制定网络调研计划
    B. 根据调研计划组织实施网上市场调查
    C. 撰写网络调研报告
    D. 处理分析网上调查资料

133. 下列选项中不属于网络市场调研中的宏观环境研究因素的是（　　）。
    A. 政治法律环境　　　　　　　　B. 社会人居环境
    C. 科技创新环境　　　　　　　　D. 营商环境

134. 下列说法正确的是（　　）。
    A. 适合网上商店销售的商品一般网下可以用相同的价格买到
    B. 自建网上商店的服务平台是由参与交易的一方提供，一般是产品服务的购买方
    C. 买卖双方在第三方平台上发布买卖信息，能够很好地利用第三方平台的规

模效益

D. 冒牌商品最好在网上销售

135. 下列叙述错误的是（　　）。
   A. 网上开店可以在有了订单之后再去进货，不需要存货
   B. 第三方 B2B 电子商务平台相当于传统贸易中的交易市场
   C. 自建网上商店的服务平台是由参与交易的一方提供，一般是产品服务的购买方
   D. 第三方 C2C 电子商务平台相当于传统贸易中的交易集市

136. 网络促销不仅需要营销人员熟悉传统的营销技能，还需要有（　　）。
   A. 与顾客信息沟通的知识　　　　B. 相应的计算机和网络技术知识
   C. 现代销售渠道知识　　　　　　D. 先进的工商管理知识

137. 下列关于电子邮件的说法错误的是（　　）。
   A. 用 WWW 方式使用电子邮箱必须配好 POP3、SMTP 服务器才可使用
   B. 在电子邮件中普遍使用的发信协议是 smtp
   C. 电子邮件的邮件头不包括邮件内容
   D. 电子邮件系统特点是方便、廉价、快捷

138. 在电子邮件中普遍使用的发信协议是（　　）。
   A. smtp　　　　B. smtp3　　　　C. pop3　　　　D. pop

139. 电子商务物流配送流程包括（　　）。
   A. 分拣　　　　B. 购买　　　　C. 生产　　　　D. 查询

140. 下列选项中不属于电子商务物流特征的是（　　）。
   A. 物流经营市场化　　　　　　B. 物流组织网络化
   C. 物流服务系列化　　　　　　D. 物流信息集成化

141. 下列关于淘宝账号注册的说法正确的是（　　）。
   A. 淘宝用户注册过程中用户资料只需填写"用户名、密码、确认密码"即可注册
   B. 一个手机号只能注册一次
   C. 使用邮箱注册用户时设置用户名不需要验证手机号
   D. 邮箱注册用户验证成功后就完成了注册过程

142. 下列有关物流对电子商务影响的叙述错误的是（　　）。
   A. 物流是电子商务模型的唯一要素　　B. 物流是实现电子商务跨区域的重点
   C. 物流现代化是电子商务的基础　　　D. 物流是实施电子商务的关键

143. 电子商务物流的特征包括（　　）。
   A. 物流功能系列化　　　　　　B. 物流作业系统化
   C. 物流功能集成化　　　　　　D. 物流服务快速化

144. 第三方物流是指由（　　）之外的第三方去完成物流服务的物流运作方式。
   A. 物流劳务的供方、需方　　　B. 采购方、供应方
   C. 原料供应方、生产方　　　　D. 商品生产方、销售方

145. 下列属于按照物流系统的性质分类的是（　　）。
    A. 供应物流　　　B. 国内物流　　　C. 第三方物流　　　D. 回收物流
146. 下列属于第三方平台站外推广的方式是（　　）。
    A. 淘宝客　　　B. 网易广告　　　C. 钻石展位　　　D. 直通车
147. 下列说法错误的是（　　）。
    A. B2C 类型的商务类似于零售业
    B. 电子商务按网络类型基本上分为直接电子商务和间接电子商务
    C. 电子商务使企业可以绕过传统的分销商、经销商以及零售商，直接与广大客户来往，不论是网络直销还是网络间接销售都令传统中间商的作用逐渐淡化
    D. 电子商务较之传统商业具有顾客获取满意满足的成本（cost to satisfy wants and needs）是网络营销成败的关键。其中网络交易的卖方成本包括全天时营业、增加商机和方便客户的特点
148. 包过滤型防火墙是基于（　　）的防火墙。
    A. 网络层　　　B. 协议层　　　C. 应用层　　　D. 传输层
149. WWW 是一个基于（　　）方式的信息查询工具。
    A. 远程　　　B. 浏览器　　　C. 超文本　　　D. 多媒体
150. 下列说法错误的是（　　）。
    A. 电子商务系统的框架结构中的应用层又称为电子商务平台
    B. 电子商务的社会环境不包括基础设施
    C. 电子商务系统组成成员包括认证中心、销售中心、配送中心
    D. HTTPS 的作用是保障 Web 网站数据的安全
151. （　　）是指单位或个人通过电子终端，直接或间接向银行业金融机构发出支付指令、实现货币支付与资金转移的行为。
    A. 第三方支付　　　B. 电子支付　　　C. 网银支付　　　D. 移动支付
152. 下列关于电子现金的说法正确的是（　　）。
    A. 电子现金（E-Cash）等同于电子货币
    B. 电子现金是一种可以操作的、看得见的数字货币
    C. 用户在开展电子现金业务的银行开设账户并在账户内存足钱后就可以在接受电子现金的商店进行网上购物了
    D. 电子现金（E-Cash）不具有现金的属性
153. 下列有关关键字广告的说法错误的是（　　）。
    A. 关键字广告的关键字和链接地址都是由用户自行设定的
    B. 关键字广告的广告预算可自行控制
    C. 关键字广告与一般网络广告相比具有较高的定位
    D. 使用关键字广告就不必使用网站优化排名
154. 关键字广告的主要特点有（　　）。
    A. 关键字广告价格比较高昂

B. 广告的关键字和链接地址都是由用户自行设定的

C. 具有更大的自主性，并且无需费用

D. 广告预算由搜索引擎控制

155. （   ）就是针对各种搜索引擎的检索特点，让网站建设和网页设计的基本要素适合搜索引擎的检索原则，从而获得搜索引擎收录并在检索结果中排名靠前。

  A. 搜索引擎登录   B. 搜索引擎优化

  C. 网页内容定位广告   D. 关键字广告

156. 下列关于使用网页内容定位的网络广告的说法正确的是（   ）。

  A. 广告载体仅限于搜索引擎的搜索结果网页

  B. 不属于搜索引擎营销模式

  C. 搜索引擎会将广告主动推送到这些合作伙伴的网站上

  D. 广告定位和针对性会减弱

157. 下列关于非洲市场相关内容描述错误的是（   ）。

  A. 非洲25%~40%的人口拥有较强的刚需，生活不算穷，也不富裕

  B. 非洲每年进口到国内的货物量很小

  C. 非洲5%~15%的人口来自世界各地，收入较高

  D. 非洲35%~60%的人口仍在贫困线上挣扎，收入较低

158. 仪表端庄的具体要求不包括（   ）。

  A. 站姿端正   B. 化妆适当

  C. 着装华丽   D. 鞋袜搭配合理

159. 职业道德是人们在从事职业的过程中形成的一种内在的、（   ）的约束机制。

  A. 自律性 B. 主动性 C. 强迫性 D. 非强制性

160. 关于创新的论述，不正确的是（   ）。

  A. 盈利增加不能仰仗创新   B. 创新需要"标新立异"

  C. 创新是事业竞争取胜的最佳手段 D. 服务争优要求开拓创新

161. 办事公道的具体要求不包括（   ）。

  A. 公开办事   B. 不徇私情

  C. 按照原则办事   D. 不计个人得失

162. （   ）防火墙是基于应用层的防火墙。

  A. 代理服务型 B. 层过滤型 C. 安全服务型 D. 包过滤型

163. 遵循团结互助的职业道德规范，必须做到（   ）。

  A. 尊卑有别 B. 各自为政 C. 尊重他人 D. 谨慎行事

164. 下列选项中不属于电子商务物流特征的是（   ）。

  A. 物流信息自动化   B. 物流目标专业化

  C. 物流组织网络化   D. 物流服务系列化

165. 发送电子邮件时在信体中写"unsubscribe list name"，可以（   ）邮件列表。

  A. 注册 B. 取消 C. 编辑 D. 设置

166. 邮件列表有两种基本形式，分别是讨论型和（   ）。

A. 公告型　　　　B. 会员型　　　　C. 新闻邮件型　　　D. 产品促销型

167. 下列选项中属于物流作用分类的是（　　）。
　　　A. 地区物流　　　B. 企业物流　　　C. 第三方物流　　　D. 回收物流

168. 第三方支付的支付中介集中了大量的（　　），形成规模效应，因而支付成本较低。
　　　A. 电子金融产品　　　　　　　　B. 电子大额交易
　　　C. 电子小额交易　　　　　　　　D. 电子金融平台

169. WiFi 构建无线互联网需要（　　），并通过高速线路将它接入互联网。
　　　A. 一台有线路由器　　　　　　　B. 一台无线路由器
　　　C. 一条高速光纤　　　　　　　　D. 一条 ADSL 线路

170. 下列选项中属于第三方 C2C 电子商务平台主要特点的是（　　）。
　　　A. 消费群体较小　　　　　　　　B. 具有极高的安全性
　　　C. 成本高，但回收快　　　　　　D. 价格优势

171. 下列选项中不属于第三方电子商务平台的是（　　）。
　　　A. 淘宝网　　　B. 凡客网　　　C. 易趣网　　　D. 阿里巴巴网

172. 博客营销的价值主要体现在（　　）。
　　　A. 可以增加网站推广费用
　　　B. 博客让营销人员转向被动发布信息
　　　C. 可以以更低的成本对读者行为进行研究
　　　D. 使用户更容易在门户网站刊登广告

173. 具有顾客获取满意满足的成本（cost to satisfy wants and needs）是网络营销成败的关键。其中网络交易的买方成本不包括（　　）。
　　　A. 顾客承担的风险　　　　　　　B. 浏览成本
　　　C. 顾客付出的时间和精力　　　　D. 顾客服务成本

174. 搜索引擎会把网页内容定位的网络广告推送到（　　）。
　　　A. 广告联盟的网站上　　　　　　B. 企业顾客的网站上
　　　C. 企业指定的网站上　　　　　　D. 消费者的网站上

175. 关于市场营销组合，下列表述错误的是（　　）。
　　　A. 产品策略是指企业做出与产品有关的设计、定价和目标市场选择
　　　B. 促销策略又称沟通策略，包括各种促销形式和公共关系
　　　C. 渠道策略是指如何选择产品从生产者到消费者的途径
　　　D. 价格策略要求定价要科学合理，要与顾客的心理预期相结合

176. 关于市场营销功能的表述，错误的是（　　）。
　　　A. 便利功能是实现交换功能和物流功能的重要保障
　　　B. 物流功能又称实体分配功能，包括货物的运输与储存等
　　　C. 示向功能的发挥是实现交换功能的必要条件
　　　D. 定价也是交换功能的重要内容

177. 下列居家类目下将商品放置在正确类目下的是（　　）。

A. 鞋盒放置在收纳类目下

B. 灯泡放置在灯饰灯具下

C. 鞋柜出现在衣橱/衣柜类目下

D. 收纳凳放置在收纳/储存类目下

178. SET 是为了在互联网上进行在线交易时保证（　　）的安全而设立的一个开放的规范。

　　A. 信用卡支付　　　　　　　　B. 商业系统信息

　　C. 点对点的网上银行业务　　　D. 物流信息

179. 微信的英文名是（　　）。

　　A. WeiXin　　　B. WeChat　　　C. WeChate　　　D. WeiChat

180. 关于移动营销，下列叙述不正确的是（　　）。

　　A. WAP 的全称是 Wireless Application Protocol，即"无线应用协议"

　　B. 微博营销是指通过微博平台为商家、个人等创造价值而执行的一种营销方式

　　C. 微信营销具有很强的直观性

　　D. APP 营销指的是应用程序营销

181. 下列有关数字证书的说法正确的是（　　）。

　　A. 数字证书是由网上商店颁发的

　　B. 数字证书主要用来加密电子商务信息

　　C. 数字证书包含证书拥有者的公开密钥

　　D. 数字证书是用来保障信息系统安全的

182. 下列选项不是 ICANN 新增通用顶级域名的是（　　）。

　　A. .coor　　　B. .museum　　　C. .biz　　　D. .info

183. 下列选项有关计算机病毒的叙述错误的是（　　）。

　　A. 计算机病毒都要在一定的条件下（如特定的日期）才会发作，开始破坏性的活动

　　B. 计算机病毒能通过任何可以携带计算机文件的媒介进行传播

　　C. 控制模块属于病毒程序的功能模块

　　D. 木马病毒会窃取用户信息

184. 常用防病毒软件包括（　　）。

　　A. McAfee　　　B. Picasa　　　C. Mac　　　D. Visio

185. 下列有关计算机病毒的叙述错误的是（　　）。

　　A. 计算机病毒的防御应着重从两个方面进行，一是从管理上防范，二是从控制上防范

　　B. 选择防病毒软件时要考虑用户的使用条件及应用环境

　　C. 破坏模块属于病毒程序的功能模块

　　D. 蠕虫病毒可以通过网络传播

186. 下列说法错误的是（　　）。

A. 电子商务安全协议中 S/MIME 的作用是保障 Web 网站之间通信信道的安全

B. 主要的电子商务技术标准成果有 1986 年提出的现已普遍用于国际贸易的联合国标准 UN/EDIFACT

C. 电子商务系统组成成员包括客户、供货方、银行

D. 电子商务系统的框架结构中的应用层主要指电子商务各应用系统

187. 下列说法正确的是（   ）。

A. 电子商务系统的框架结构中的应用层又称为信息发布平台

B. 电子商务安全协议中的安全套接层协议（SSL）的作用是保障 Web 网站数据的安全

C. 主要的电子商务技术标准成果有 1986 年提出的现已普遍用于国际贸易的联合国标准 UN/EDIFACT

D. 电子商务安全协议中 S/MIME 的作用是保障 Web 网站之间通信信道的安全

188. 下列说法正确的是（   ）。

A. 电子商务交易中处处体现对客户的尊重和支持

B. 在电子商务一般交易过程中，办理信用卡申请、账号及密码交验、支付能力查证、支付信誉查证、付款通知、转账通知等手续。这些行为属于洽谈和签订合同阶段

C. 在电子商务一般交易过程中，买方通过互联网和其他电子商务网络（各种增值网），寻找所需的商品和商家，发出询价和查询信息，收集相关信息，进行市场调查和分析，制订和修改购货、进货计划，比较选择，做出购买决策，审批计划，筹划货款等。这些行为属于办理合同履行前手续阶段

D. 在电子商务一般交易过程中，交易双方和中介方，彼此之间需要实时完成相应的手续，交换有关的电子票据和电子单证。这些行为属于交易前准备阶段

189. 下列关于电子邮件的说法正确的是（   ）。

A. SMTP 服务器用于邮件的接收

B. 廉价不是电子邮件系统的特点

C. 用 WWW 方式使用电子邮箱需要访问电子邮箱服务提供商的网站

D. 电子邮件的邮件头由收信人电子邮箱地址、邮件标题和邮件内容组成

190. 网上银行提供的服务类别不包括（   ）。

A. 电子商务相关业务服务　　　　B. 网上形式的传统银行业务服务

C. 电子金融认证服务　　　　　　D. 电子金融创新业务服务

191. 下列网页制作的原则不正确的是（   ）。

A. 网页命名要简洁

B. 网页的设计要尽量做到在不同的环境下都能浏览

C. 尽量使用相对超级链接

D. 要大量使用多媒体文件

192. 病毒防范制度应该包括（   ）。
    A. 不泄露管理员密码
    B. 不要随意发送邮件
    C. 不允许用户登录外部网站
    D. 不随意拷贝和使用未经安全检测的软件

193. WWW 是（   ）的缩写。
    A. World Wait Wad   B. World Why Wait
    C. World Wide Web   D. World Wate Want

194. 网络词语"古月言兑"表示（   ）。
    A. 胡说   B. 文言文   C. 天气   D. 文雅

195. 下列说法错误的是（   ）。
    A. 搜索引擎优化的主要目的是让网站获得搜索引擎收录并在检索结果中排名靠前
    B. 搜索引擎优化还要优化网站结构和网站内容
    C. 搜索引擎优化是让网站建设和网页设计的基本要素适合搜索引擎的检索原则
    D. 对于基于 META 标签检索的搜索引擎，在进行搜索引擎优化时，可以专门为搜索引擎设计一个便于检索的页面

196. 下列有关搜索引擎营销说法正确的是（   ）。
    A. 搜索引擎营销是由搜索引擎所主导的
    B. 搜索引擎营销的目的是为顾客寻找商品提供便利
    C. 搜索引擎营销活动本身对用户的影响被减小到了最低的限度
    D. 企业网站的专业性以及搜索引擎的友好性不会对搜索引擎营销的效果产生直接的影响

197. 下列说法错误的是（   ）。
    A. WWW 通过超文本传输协议向用户提供多媒体信息，所提供信息的基本单位是网站
    B. 浏览器是标准的互联网访问工具，无论使用什么操作系统，访问哪个国家的网站，都可以借助浏览器完成
    C. WWW 最大的特点是拥有非常友善的图形界面，非常简单的操作方法以及图文并茂的显示方式
    D. 通过浏览器上网看网页就是一种 WWW 服务

198. WWW 最大的特点是（   ）。
    A. 上网速度快
    B. 随时随地可以上网
    C. 上网不需要浏览器
    D. 拥有非常友善的图形界面，非常简单的操作方法以及图文并茂的显示方式

199. 不适合网上商店销售的商品所具备的特点是（   ）。

A. 附加值较高

B. 具备独特性或时尚性

C. 必须让顾客亲眼所见或亲身体验才能确定是否购买

D. 体积较小

200. 下列关于第三方 C2C 电子商务平台的说法错误的是（　　）。

A. 第三方 C2C 电子商务平台相当于传统贸易中的交易市场，比如说广交会、中博会

B. 在第三方 C2C 电子商务平台开设网店投资少、回收快

C. 第三方 C2C 电子商务平台主要面向个人，侧重于零售业务

D. 第三方 C2C 电子商务平台聚集了众多的买家和卖家，他们通过互联网可以完成整个交易过程

201. 下列选项中不属于网上市场调研的竞争对手研究范畴的是（　　）。

A. 竞争对手的服务水平

B. 竞争对手的合作伙伴

C. 竞争对手的产品技术特点

D. 竞争对手高管人员的社会关系和个人嗜好情况

202. 在网络调研过程中，被调研对象可以及时就问卷相关的问题提出自己的看法和建议，可减少因问卷设计的不合理而导致的调研结论偏差等问题。同时，被调研者还可以自由地发表自己的其他看法。这体现了网络调研的（　　）特点。

A. 便捷性和低费用　　　　　　　B. 及时性和共享性

C. 交互性和充分性　　　　　　　D. 可检验性和可控制性

203. 数码相机的成像元件是（　　）。

A. BCD　　　B. CCD　　　C. CD　　　D. 像素

204. （　　），景深大。

A. 光圈 F 值大　B. 光圈 F 值小　C. 焦距长　　　D. 像素大

205. 下列说法正确的是（　　）。

A. 辅助光一般安排在照相机附近，灯光的照射角度应适当高一些，目的是降低拍摄对象的投影，不致影响到背景的效果

B. 商品图片拍摄出来后，可能会发现商品在页面中比例过小，或是位置和水平不对，那么就要对图片进行缩放

C. 拍摄环境比较昏暗，需要增加亮度，而闪光灯无法起作用时，可以设置手动白平衡，对曝光进行补偿

D. 调整白平衡可以让照片更明亮或者更昏暗

206. 电子商务在签订电子合同以后到合同履行之前，必须完成一系列必要的手续，下列不属于办理合同履行前手续阶段的行为是（　　）。

A. 账号及密码校验　　　　　　　B. 付款通知

C. 违约处理　　　　　　　　　　D. 支付信誉查证

207. 下列说法正确的是（　　）。

A. 联合国国际贸易程序简化工作组对电子商务的定义是采用电子形式开展商务活动，它包括在供应商、客户、政府及其他参与方之间通过任何电子工具，如 EDI、Web 技术、电子邮件等共享非结构化或结构化商务信息，并管理和完成在商务活动、管理活动和消费活动中的各种交易

B. 1997 年 11 月欧美亚非等国在巴黎召开的世界电子商务会议上提出电子商务就是在 Internet 上从事的商务活动

C. 电子商务将对人类社会产生重要的影响，包括促进经济全球化的发展、改变了市场结构、改变了市场的准入条件和改变了人们的兴趣爱好和经济条件

D. 电子商务按交易的内容基本上可分为 Internet（国际互联网）商务和 Intranet（企业内部网）商务

208. 关于 HTML 标签，下列说法错误的是（   ）。
   A. HTML 标签规定网页文档的逻辑结构
   B. 属性只可加于起始标签中
   C. 同一个标签中可以既有小写字符又有大写字符
   D. 标签必须成对出现

209. <input>标签表现为单选按钮时，type 属性为（   ）值。
   A. button   B. checkbox   C. option   D. radio

210. 在职业交往活动中，符合仪表端庄具体要求的是（   ）。
   A. 着装朴素大方   B. 化妆浓艳   C. 饰品俏丽   D. 发型要突出

211. CA 是（   ）的缩写。
   A. Certification Authority   B. Catch Aman
   C. Center Authority   D. Center Adistment

212. 下列选项中适合在网上商店销售的是（   ）。
   A. 文物   B. 房屋   C. 手机   D. 汽车

213. 职业道德是指从事一定职业的人们，在长期的职业活动中形成的（   ）。
   A. 劳动技能   B. 职业标准   C. 行为规范   D. 操作习惯

214. 下列关于诚实守信的认识和判断中，正确的是（   ）。
   A. 诚实守信应该把利益最大化放在首位
   B. 一贯地诚实守信是不明智的行为
   C. 是否诚实守信要视具体对象而定
   D. 诚实守信是维持市场经济秩序的基本法则

215. 办事公道是指从业人员在进行职业活动时要做到（   ）。
   A. 奉献社会，助人为乐   B. 谨慎行事，察言观色
   C. 坚持真理，公私分明   D. 有求必应，服务热情

216. 市场经济条件下，不符合爱岗敬业要求的是（   ）的观念。
   A. 树立职业理想   B. 强化职业责任
   C. 多转行多拓展世面   D. 提高职业技能

217. 爱岗敬业作为职业道德的重要内容，是指员工（　　）。
    A. 以多劳多得作为目标 B. 不应多转行
    C. 强化职业责任 D. 热爱自己喜欢的岗位
218. 爱岗敬业作为职业道德的重要内容，具体要求不包括（　　）。
    A. 强化职业责任 B. 以多劳多得作为目标
    C. 提高职业技能 D. 树立职业理想
219. 职工对企业诚实守信应该做到的是（　　）。
    A. 保守企业秘密，不对外谈论任何企业的事情
    B. 忠诚所属企业，无论何种情况都始终把企业利益放在第一位
    C. 诚实劳动，遵守合同和契约
    D. 完成本职工作即可，谋划企业发展由有见识的人来做
220. 下列关于网络营销的内容正确的是（　　）。
    A. 网络营销运营与管理、网上经营者行为分析、网络促销策略
    B. 网上市场调查、网络营销策略制定、网上产品和服务策略
    C. 网上价格营销策略、网上渠道策略、网上防伪认证
    D. 网上招聘、网上消费者行为分析、网络布线
221. 关于淘宝店铺名字中的字号区的变更，下列说法正确的是（　　）。
    A. 不能修改 B. 有 10 次修改机会
    C. 有 5 次修改机会 D. 不受限制修改
222. 信息内容不能随便被他人获取，尤其是涉及一些商业机密及有关支付等敏感信息。该说法体现了电子商务安全要求中（　　）要求。
    A. 信息的完整性 B. 信息的有效性
    C. 信息的保密性 D. 通信的不可抵赖、不可否认
223. 下列设置密码的方式安全的是（　　）。
    A. 使用固定密码
    B. 使用连续的字母或数字
    C. 使用用户本身的姓名、出生日期、电话号码、手机号码
    D. 保证至少 6 个字符以上的密码长度
224. 下列属于网页制作工具的是（　　）。
    A. Excel B. ACDSee
    C. Dreamweaver D. PowerPoint
225. 可用来将浏览器窗口分割成不同的区域的是（　　）。
    A. 图片 B. 弹出窗口 C. JAASCRIPT D. 框架网页
226. 下列选项不是中国电信天翼 3G 无线网卡实现手提电脑移动上网的方法的是（　　）。
    A. 在手提电脑的并口安装连接电缆
    B. 在手提电脑的 USB 口接驳中国电信天翼 3G 无线网卡
    C. 客户端软件安装成功后，点击运行无线宽带图标，连接 3G 无线宽带

D. 连接成功后，系统会提示安装相应无线网卡型号的驱动程序和无线宽带客户端软件

227. IP 协议作用于（　　）。
    A. 传输层　　　　B. 数据链路层　　　C. 网络层　　　　D. 应用层
228. 在中国分配 IP 地址的最权威机构是（　　）。
    A. ChinaNet　　　B. APNIC　　　　C. CNNIC　　　　D. 吉通公司
229. HTML 是（　　）的缩写。
    A. Hyper Text Markup Language
    B. Happy Text Make Language
    C. High Tech Makeup Language
    D. High Text Makeup Language
230. 下列有关数字签名的说法正确的是（　　）。
    A. 数字签名需要发送方用自己的私钥对数字摘要加密
    B. 数字签名能够确保发送的信息不被泄露
    C. 数字签名需要发送方用自己的私钥对接收方的公钥加密
    D. 数字签名需要发送方用接收方的公钥对数字摘要加密
231. 电子邮件营销在实际应用中可以按照营销计划分类，其中（　　）是企业不定期的营销活动，如产品促销、市场调查、节假日问候、新产品通知等。
    A. 产品促销 Email 营销　　　　　B. 经营型 Email 营销
    C. 外部 Email 营销　　　　　　　D. 临时性的 Email 营销
232. 下列选项不是邮件列表特点的是（　　）。
    A. 内容收费　　　　　　　　　　B. 简化信息发布
    C. 加入方便　　　　　　　　　　D. 信息发布有针对性
233. 下列说法正确的是（　　）。
    A. 卖方应按规定负责做好售后服务，包括有关的使用培训和维修服务。这些行为属于交易后处理阶段
    B. 在电子商务一般的交易过程中，交易双方和中介方，彼此之间需要实时完成相应的手续，交换有关的电子票据和电子单证。这些行为属于交易前准备阶段
    C. 电子商务的交易全部都在网络上进行，因而能够实现高效率、低成本的目标
    D. 电子合同只能采用电子邮件方式签订
234. 关于市场营销组合，下列表述正确的是（　　）。
    A. 渠道策略是指如何选择产品从生产者到消费者的途径
    B. 制定价格策略必须考虑顾客对价格可能的反应、折扣、支付方式等，可以忽略产品在目标市场上的竞争性质、法律政策限制
    C. 促销策略包括各种推销手段和客户关系管理
    D. 产品策略是指企业做出与产品有关的设计、定价和目标市场选择

235. 下列说法正确的是（　　）。
    A. "电子商务是指对整个贸易活动实现电子化。"这一表述是联合国国际贸易程序简化工作组对电子商务的定义
    B. 电子商务相较传统商业具有减少运营成本，显著降低收费的特点
    C. 电子商务将对人类社会产生重要的影响，包括提高企业的市场准入条件
    D. 企业对政府的电子商务简称为C2G

236. 关于电子钱包的说法正确的是（　　）。
    A. 使用电子钱包的顾客不用开立银行账户
    B. 在电子钱包内只能装电子货币，即装入电子现金、电子零钱、安全零钱、电子信用卡、在线货币、数字货币等
    C. 网上购物使用电子钱包，需要在电子货币服务系统中进行
    D. 用户不可以通过保密方式利用网上的电子钱包软件

237. 在电子商务活动中，当消费者进行电子支付时，他们交付给卖方的是（　　）。
    A. 信用卡　　　　　　　　　　B. 票据
    C. 其认可的资金数额　　　　　D. 纸币

238. （　　）是指管理员通过防火墙的Console口或防火墙提供的键盘和显示器对防火墙进行配置管理。
    A. 集中管理　　B. 内部管理　　C. 远程管理　　D. 本地管理

239. 电子商务安全的内容包括（　　）。
    A. 第三方物流安全　　　　　　B. 企业系统安全
    C. 交易平台安全　　　　　　　D. 电子商务系统安全管理制度

240. 拒绝服务攻击会导致（　　）。
    A. 硬盘文件被删除　　　　　　B. 系统不能为用户提供服务
    C. 密码信息泄露　　　　　　　D. 感染计算机病毒

241. 下列关于电子邮件的说法错误的是（　　）。
    A. Macro Express是电子邮件客户端程序
    B. 在电子邮件服务中包括发信和收信两个过程。它们是相互独立的，每个过程分别使用一种协议。SMTP和POP3就是目前最普遍使用的发信和收信协议
    C. 电子邮件服务是一种通过计算机网络与其他用户进行联系的快速、简便、高效、价廉的现代化通信手段
    D. 互联网的电子邮件的邮件头由收信人电子邮箱地址、邮件标题和发信人电子邮箱地址组成

242. 下列选项中不是博客营销价值主要体现的是（　　）。
    A. 可以以更低的成本对读者行为进行研究
    B. 可以从媒体被动地发布信息
    C. 可以降低网站推广费用
    D. 可以直接带来潜在用户

243. 网络广告的特点是（　　）。
    A. 对象不确切　　B. 受时间限制　　C. 易于调整　　D. 制作复杂
244. 网络广告中的 CPI 是指（　　）。
    A. 网络广告每一千个链接数的费用
    B. 网络广告每一千个点击数的费用
    C. 网络广告每一千个印象数的费用
    D. 以上三个都不对
245. 蠕虫病毒是通过（　　）传播的恶性病毒。
    A. 电波　　B. 数据库　　C. 光盘　　D. 网络
246. 下列选项中按照病毒传染方式的不同进行分类的是（　　）。
    A. 数据库病毒　　B. 内存病毒　　C. 控制端病毒　　D. 引导区病毒
247. 计算机病毒的种类包括（　　）。
    A. 引导区病毒　　B. 内部区病毒　　C. 第三区病毒　　D. 分离区病毒
248. 下列选项属于计算机病毒特点的是（　　）。
    A. 分散性　　B. 信息性　　C. 传染性　　D. 聚集性
249. 下列说法错误的是（　　）。
    A. 电子商务安全协议中 HTTP 的作用是保障 Web 网站数据的安全
    B. 电子商务安全协议中 SSL 的作用是保障 Web 网站之间通信信道的安全
    C. 电子商务安全协议中 SET 的作用是保障用户、商家和银行之间通过电子信用卡支付的安全
    D. 电子商务安全协议中 S/MIME 的作用是保障电子邮件的安全传输
250. 安全套接层协议 SSL 是（　　）的缩写。
    A. Security Sending Language　　B. Secure Sockets Layer
    C. Security Sending Layer　　D. Secure Sets Layer
251. 网络词语"围脖"表示（　　）。
    A. 保暖　　B. 衣服　　C. 微博　　D. 高手
252. 在网上市场调查中常用的分析图表不包括（　　）。
    A. 拓扑图　　B. 曲线图　　C. 柱形图　　D. 圆饼图
253. 网络市场调研的内容不包括（　　）。
    A. 竞争对手心理研究　　B. 宏观环境研究
    C. 市场需求研究　　D. 用户及消费者购买行为研究
254. 邮件列表有两种基本形式，其中电子杂志、新闻邮件等属于（　　）。
    A. 讨论型　　B. 公告型　　C. 非会员通信型　　D. 电子刊物型
255. 下列说法正确的是（　　）。
    A. 关键字广告是免费搜索引擎营销的一种形式
    B. 搜索引擎优化最重要的是考虑搜索引擎的排名规则
    C. 关键字广告与网站优化排名只能选择一种方式
    D. 关键字广告是实时显示的

256. 关键字就是用户所关注信息中的（   ）。
    A. 核心词汇   B. 用户信息   C. 信息分类   D. 商务信息
257. WWW 通过（   ）传输协议向用户提供多媒体信息，所提供信息的基本单位是网页。
    A. 文件   B. 多媒体   C. 超文本   D. 远程
258. 下列属于 MACROMEDIA 公司开发的网页制作工具的是（   ）。
    A. FrontPage   B. PhotoShop   C. PDF   D. Dreamweaver
259. 在 URL 地址"http://www.teach.com/default.asp"中，"http://"属于（   ）。
    A. 协议类型   B. 主机类型   C. 路径类型   D. 网络类型
260. 下列商品不适合网上商店销售的是（   ）。
    A. 书籍   B. 股票   C. 化妆品   D. 首饰
261. 下列关于职业道德的说法，正确的是（   ）。
    A. 职业道德对企业起到决定经济效益的作用
    B. 在市场经济条件下，职业道德具有最大限度地克服人们受利益驱动的社会功能
    C. 职业道德有三方面的特征：一是范围上的有限性；二是内容上的稳定性和连续性；三是形式上的多样性
    D. 职业道德是人们在从事职业的过程中形成的一种内在的、强制性的约束机制
262. 电子商务无须订立书面合同，其中小额简单的交易也无须电子合同，货物所有权的转让体现在（   ）中。
    A. 电子订单和电子支付   B. 电子商务系统
    C. 电脑打印的合同   D. 交易订单
263. 文明礼貌是从业人员的基本素质，下列关于文明礼貌具体要求的说法错误的是（   ）。
    A. 在商业活动中，不符合举止得体要求的是态度恭敬
    B. 在商业活动中，不符合待人热情要求的是严肃待客，不卑不亢
    C. 在职业交往活动中，符合仪表端庄具体要求的是鞋袜等搭配合理
    D. 在职业交往活动中，对客人做到用尊称，不用忌语是符合语言规范的具体要求的
264. 在商业活动中，不符合举止得体要求的是（   ）。
    A. 行为夸张   B. 态度恭敬   C. 表情从容   D. 形象庄重
265. 下列关于办事公道的说法错误的是（   ）。
    A. 办事公道要求从业人员在进行职业活动时要做到顾全大局
    B. 办事公道要求从业人员在进行职业活动时要做到坚持真理
    C. 办事公道要求从业人员在进行职业活动时要做到公私分明
    D. 不计个人得失是办事公道的具体要求之一

266. 爱岗敬业的具体要求包括（   ）。
    A. 树立职业信仰   B. 强化职业责任
    C. 建立行业标准   D. 提高企业效益
267. （   ）的广告面积大，客户关注率最高，非常适合于有实力的大、中型企业或集团进行品牌宣传。
    A. 标识广告   B. 焦点广告   C. 按钮广告   D. 对联广告
268. 正确阐述职业道德与人的事业的关系的选项是（   ）。
    A. 职业道德是人获得成功的重要条件
    B. 事业成功的人往往并不需要较高的职业道德
    C. 要取得事业的成功，前提条件是要有职业道德
    D. 有职业道德的人一定会获得成功
269. 关于创新的论述，正确的是（   ）。
    A. 创新就是独立自主   B. 创新是企业进步的灵魂
    C. 创新就是出新花样   D. 创新不需要引进外国的新技术
270. 物流的基本职能活动不包括（   ）。
    A. 装卸搬运   B. 采购   C. 流通加工   D. 运输
271. 职业纪律是企业的行为规范，职业纪律具有明确的（   ）的特点。
    A. 被动性   B. 普适性   C. 自愿性   D. 规定性
272. 下列对农村网民情况描述不正确的是（   ）。
    A. 农村地区10~40岁人群中，互联网普及的难度相对较高，将来可转化的空间较大
    B. 人口结构方面，10~40岁人群中，农村地区的互联网普及率比城镇地区高
    C. 城镇地区与农村地区的互联网普及率存在一定差距，农村普及率远低于城镇
    D. 目前，我国农村网民规模快速增长
273. 下列关于勤劳节俭的论述中，正确的是（   ）。
    A. 勤劳节俭有利于企业持续发展   B. 勤劳是人生致富的充分条件
    C. 节俭不如创造   D. 勤劳不如巧干
274. 信息的完整性包括信息不被篡改、不被（   ）。
    A. 遗漏   B. 复制   C. 否认   D. 窃取
275. 关于市场营销功能的表述，错误的是（   ）。
    A. 便利功能是指便利交换、便利物流的功能，包括资金融通、风险承担、信息沟通、产品标准化和分级
    B. 相对于市场营销的其他功能来说，定向功能对企业往往更具有战略意义
    C. 交换功能包括购买和销售两方面
    D. 物流功能又称实体分配功能，包括货物的运输与储存等
276. 下列关于诚实守信的说法正确的是（   ）。

A. 诚实守信的具体要求包括维护企业信誉，树立产品质量意识，重视服务质量
B. 诚实劳动、遵守合同和契约不属于诚实守信的表现
C. 保守企业秘密不是诚实守信的表现
D. 诚实守信不需要关心企业的发展

277. 关于标签，下列说法正确的是（　　）。
A. 标签必须要用小写字符
B. <img>这个标签是个正确的标签
C. <title></title>这对标签是放在文件体里的
D. 不同标签之间可以嵌套，但不能交叉

278. 设置密码时要保证至少（　　）个字符以上的密码长度。
A. 4　　　　　　B. 5　　　　　　C. 7　　　　　　D. 6

279. 下列关于 HTML 的说法正确的是（　　）。
A. HTML 文档实际上是一个文本文件
B. HTML 语言可以编写执行程序
C. 把 HTML 文档从 UNI 系统复制到 WINDOWS 2003 系统上使用需要改为 WINDOWS 系统的标签
D. HTML 文档执行时要进行编译

280. 在 HTML 文档的表格标签中，下列选项属性表示表格内容（文字、图片等）水平方向对齐方式的是（　　）。
A. top　　　　　B. cellpadding　　　　C. align　　　　D. right

281. 电子商务一般的交易过程分为5个阶段，（　　）不属于交易前准备阶段。
A. 卖方为本企业的商品做好市场调查和分析，制订销售策略和方式，不断利用互联网站发布广告，诱发客户的需求，给出报价和优惠消息，寻找贸易伙伴和商机，想方设法扩大市场份额等
B. 交易双方采用现代通信方式和互联网的电子邮件（Email）、电子公告牌系统（BBS）、网络新闻组（Usenet）、聊天室等手段，进行洽谈、磋商和谈判，进一步比较选择，做出购买决策，进而商定电子贸易合同的条款
C. 相关的中介方，包括电子商城、银行、信用卡公司（或发卡银行）、海关、商检、保险、税务以及物流配送公司等机构都要做好参与交易的相应的准备工作，要能随时进行在线的服务
D. 买方通过互联网和其他电子商务网络（各种增值网），寻找所需的商品和商家，发出询价和查询信息，收集相关信息，进行市场调查和分析，制订和修改购货、进货计划，比较选择，做出购买决策，审批计划，筹划货款等

282. 下列选项中属于病毒程序的功能模块的是（　　）。
A. 安全模块　　　B. 引导模块　　　C. 系统模块　　　D. 转移模块

283. 下列选项不是选择防毒软件应考虑的要素的是（　　）。
A. 病毒的响应速度　　　　　　　　B. 防病毒软件使用界面是否漂亮

C. 技术的先进性和稳定性　　　　　　D. 技术支持程度

284. 下列选项中属于职业纪律特点的是（　　）。
　　A. 普适性　　　　　　　　　　　　B. 自愿性
　　C. 高度的强制性　　　　　　　　　D. 明确的规定性

285. 一个可以从事电子商务活动的环境能够被接受，它应满足的基本安全要求包括（　　）。
　　A. 信息能够获取　　　　　　　　　B. 信息的标准性
　　C. 交易的实时性　　　　　　　　　D. 信息的保密性

286. 阿里巴巴属于（　　）电子商务平台。
　　A. B2C　　　　B. G2B　　　　C. C2C　　　　D. B2B

287. 管理员通过以太网或防火墙提供的广域网接口对防火墙进行管理属于（　　）。
　　A. 数据管理　　B. 远程管理　　C. 本地管理　　D. 内部管理

288. 密码泄露一般分（　　）两种情况。
　　A. 学习密码、偷听密码　　　　　　B. 扫描密码、复制密码
　　C. 窃取密码、猜出密码　　　　　　D. 分离密码、解析密码

289. 关于推销商务站点的途径，下列说法不正确的是（　　）。
　　A. 与别的站点交换超级链接，以减少站点推广的费用
　　B. 在互联网上的知名网站刊登广告来推广自己的网站，应选择和本企业相关程度较高的网站刊登广告，才能有较佳的广告效果
　　C. 在网站上提供免费服务，虽然要付出时间和精力，但其在增加站点流量上的功效可以得到回报
　　D. 在互联网上有大量的讨论组或新闻组，其中包含各式各样的主题，由于每个组都有许多人在上面发表文章，因此在其中发布广告也是增加网站知名度的好渠道

290. 论坛签名营销可以借助别人的（　　）进行营销。
　　A. 置顶帖　　　B. 名帖　　　　C. 热帖　　　　D. 话题营销帖

291. 下列说法正确的是（　　）。
　　A. 电子商务交易中买卖双方之间的权利和义务不是对等的
　　B. 电子商务交易中卖方有按照合同的规定提交标的物及单据的义务
　　C. 由于在线交易是在网络这一特殊的环境中完成，所以现实的法律不适用
　　D. 我国《合同法》明确规定数据电文不能作为书面合同形式

292. 我国电子商务立法应采纳的原则是（　　）。
　　A. 强制交易原则　　　　　　　　　B. 与国际电子商务规范分开原则
　　C. 保护消费者权益原则　　　　　　D. 技术开放原则

293. 消费者不需要开通网银，不需要在网络上注册，只要到（　　）便利支付网点，刷任何一张银联卡，就可以为网上消费付款。
　　A. 支付宝　　　B. 易宝　　　　C. 拉卡拉　　　D. 快钱

294. 下列关于电子邮件的说法正确的是（　　）。

A. 与普通信件类似，互联网的电子邮件也有自己的信封和信纸，它被称为邮件头和邮件体。

B. 用 WWW 方式使用电子邮箱不需要访问电子邮箱服务提供商的网站

C. 电子邮件系统特点之一是安全

D. SMTP 服务器是用于邮件的检索

295. 下列关于电子邮件的说法错误的是（　　）。

A. 电子邮件标题属于电子邮件的邮件头

B. 电子邮件系统特点之一是安全

C. 用 WWW 方式使用电子邮箱要求用户配有浏览器才可使用

D. 在电子邮件中普遍使用的收信协议是 POP3

296. 下列说法正确的是（　　）。

A. 大光圈能够进入的光线多，所以快门相应地要慢

B. 光圈也控制了镜头的焦距

C. 小光圈能够拍摄更远的物体（景深大）

D. 辅助光是塑造拍摄主体的主要光线，置于拍摄物顶部有较好效果

297. 下列情况下要使用曝光补偿的是（　　）。

A. 周围干扰的因素比较多，既有阳光，又有黄光，还有蓝光

B. 拍摄饰品、精密制造品等需要展示细节的商品

C. 在微距拍摄和长时间拍摄时

D. 当光线不足或光线过于强烈时

298. 下列选项中是常用图片处理软件的是（　　）。

A. PowerPoint　　　B. FlashGet　　　C. 光影魔术手　　　D. Visio

299. 下列关于电子商务对物流影响的论述错误的是（　　）。

A. 物流需求发生了新变化　　　B. 提高了物流门槛

C. 物流服务空间进一步拓展　　　D. 电子商务对物流的时效性要求提高

300. 使用电子支票支付的优势在于（　　）。

A. 电子支票需要手写签名

B. 电子支票比纸质支票有着更强大的功能

C. 电子支票与传统支票相比操作难些

D. 用电子支票支付，事务处理费用较低

301. 电子商务物流的特征包括（　　）。

A. 物流功能自动化　　　B. 物流目标单一化

C. 物流作业规范化　　　D. 物流组织市场化

302. 第三方物流企业按业务功能不同一般分为（　　）、配送中心、存储管理中心和营销中心四个中心。

A. 装卸中心　　　B. 采购中心　　　C. 客户联络中心　　　D. 生产中心

303. （　　）是图片色彩的处理方法。

A. 色阶调整　　　B. 添加背景　　　C. 裁剪　　　D. 缩放

304. 下列关于白平衡的说法正确的是（　　）。
　　A. 当周围干扰的因素比较多，既有阳光，又有灯光时，可以使用手动白平衡
　　B. 如果不设置白平衡，在蓝色灯光的照射下，白纸会呈现出红色
　　C. 白平衡对于商品形状还原有重要意义
　　D. 白平衡设置一次就可以了，不需要经常改变

305. 一般来说，商品拍摄至少需要两种类型的光源，一种是（　　），一种是辅助光，在此基础上还可以根据需要打轮廓光。
　　A. 日光　　　　B. 主光　　　　C. 偏光　　　　D. 灯光

306. 下列论述正确的是（　　）。
　　A. 第三方平台电子商务由参与交易的一方提供，一般是产品服务的销售方
　　B. 自建网上商店在建成后必须开展宣传推广产生一定的流量，吸引客户光顾，才能进行正常的经营
　　C. 企业在第三方平台网站上开设网店的费用比自建网上商店高
　　D. 第三方平台电子商务一般适合于大型企业

307. 下列选项中属于第三方B2B电子商务平台的是（　　）。
　　A. 淘宝网　　　B. 慧聪网　　　C. 拍拍网　　　D. 当当网

308. (　　) controls and manages the system's hardware and software resources, thus enabling a user to use his computer conveniently and efficiently.
　　A. Translator software
　　B. A text editing or word processing program
　　C. Operating system software
　　D. Application software

309. （　　）就是拍摄者在拍摄时有意识地变更相机自动计算出的曝光参数，让照片更明亮或者更昏暗的拍摄方法。
　　A. 白平衡　　　B. 曝光延长　　C. 曝光补偿　　D. 大光圈

310. 根认证中心称为（　　）。
　　A. GCA　　　　B. RCA　　　　C. BCA　　　　D. MCA

311. 下列选项中不是网络广告特点的是（　　）。
　　A. 覆盖率高　　　　　　　　　　B. 易于调整
　　C. 制作简单，成本低廉　　　　　D. 不受时间限制

312. 计算机病毒的（　　）是指计算机病毒通常是隐藏在其他合法的可执行程序和数据文件中的一段程序，不易被人们察觉。
　　A. 潜伏性　　　B. 传染性　　　C. 隐蔽性　　　D. 持续性

313. 下列选项中属于计算机病毒传播途径的是（　　）。
　　A. 电子信封　　B. 电子支付　　C. 电子签名　　D. 电子邮件

314. 要使网上交易成功，参与交易的人首先要能（　　）。
　　A. 确认对方的身份　　　　　　　B. 互通邮件
　　C. 保证信息系统安全　　　　　　D. 发送传真

315. 下列设置密码的方法不安全的是（　　）
   A. 避免使用重复的密码
   B. 保证至少6个字符以上的密码长度
   C. 使用用户本身的姓名、出生日期、电话号码、手机号码
   D. 密码尽量使用英文字母及数字和标点、特殊符号等多种字符的组合

316. "电子商务"英文的正确写法是（　　）。
   A. Electron Commerce　　　　　　B. Electronic Commerce
   C. Electronics Commerce　　　　　D. Electronic Contract

317. 下列选项中不是国内提供移动上网的运营商的是（　　）。
   A. 中国移动　　　B. 中国联通　　　C. 中国电信　　　D. 中国铁通

318. 关于 C 类网络，下列说法正确的是（　　）。
   A. 头两段号码为网络标识号，后两个为本地标识号
   B. 头三段号码为网络标识号，后一个为本地标识号
   C. 四段号码均为主机标识号，没有网络标识号
   D. 头一段号码为网络标识号，后三个为本地标识号

319. 下列选项中是 ICANN 新增加的用来替代.com 且适用于信息服务企业的顶级域名的是（　　）。
   A. .biz　　　　　B. .pro　　　　　C. .info　　　　　D. .coop

320. 黑客在网上经常采用的手段包括（　　）。
   A. 偷取特权　　　B. 虚构产品　　　C. 占据内存　　　D. 加密口令

321. 电子商务一般的交易过程分为5个阶段，（　　）不属于交易后处理阶段。
   A. 若出现违约情况，则买卖双方还需进行违约处理，受损方有权向违约方索赔
   B. 卖方按约给出发货通知，启动相应机构完成对应服务项目，进行备货、发货、报关、保险、取证、信用等业务
   C. 卖方按规定负责做好售后服务，包括有关的使用培训和维修服务
   D. 买卖双方合作完成销售反馈意见的填写和收集

322. 文明礼貌是从业人员的基本素质，下列关于文明礼貌具体要求的说法正确的是（　　）。
   A. 在职业交往活动中，符合仪表端庄具体要求的是着装华丽，站姿端正
   B. 在商业活动中，符合待人热情要求的是微笑迎客、亲切友好
   C. 语言规范的具体要求是语速要快，节省时间
   D. 在商业活动中，符合举止得体要求的是态度幽默，行为夸张

323. 相机像素相同的情况下，（　　），相片质量越好。
   A. ACD 面积越小　　　　　　　　B. CD 面积越大
   C. CCD 面积越大　　　　　　　　D. BCD 面积越小

324. 下列关于爱岗敬业具体要求的说法正确的是（　　）。
   A. 看效益决定是否爱岗　　　　　B. 提高职业技能

C. 增强把握择业的机遇意识   D. 转变择业观念

325. 遵循团结互助的职业道德规范，不包括（　　）。
 A. 互相学习   B. 顾全大局   C. 高低有序   D. 尊重他人

326. 从业人员诚实守信的具体要求不包括（　　）。
 A. 关心企业发展   B. 树立产品质量意识
 C. 遵守合同和契约   D. 根据服务对象来决定是否遵守承诺

327. 下列有关搜索引擎营销的说法正确的是（　　）。
 A. 搜索引擎营销是一种用户主导的网络营销
 B. 网络营销的主要特点之一是可以对企业商品进行准确分析并实现高程度定位
 C. 企业的商品是企业有效地开展搜索引擎营销的主要依托
 D. 企业所用的网络将直接影响用户是否愿意进入相应的网站获取更多信息

328. 下列关于办事公道具体要求的说法正确的是（　　）。
 A. 谨慎行事   B. 尊卑有别
 C. 平均分配   D. 按照原则办事

329. 电子商务物流配送流程包括（　　）。
 A. 查询   B. 销售   C. 验货   D. 配货

330. 下列选项中不属于物流基本要素的是（　　）。
 A. 包装   B. 储存保管   C. 装卸搬运   D. 生产加工

331. 安盛公司提出的第四方物流概念中，第四方物流是一个（　　）。
 A. 销售管理方   B. 集中采购方
 C. 产品生产方   D. 供应链集成商

332. 下列属于相对地址的是（　　）。
 A. www.eambase.com/email/default.asp
 B. //www.teach.com/shopbag/default.asp
 C. /www.eam.com/map.rar
 D. http：//www.abc.com/default.asp

333. 下列选项中不属于网页中多媒体对象的是（　　）。
 A. RM   B. MP3   C. CAD   D. FLASH 动画

334. 下列叙述错误的是（　　）。
 A. 第三方电子商务平台不是由交易双方建立的
 B. 一般网上商店销售的商品比起实体商店有价格优势
 C. 第三方 B2B 电子商务平台可以完全杜绝网络欺诈
 D. 第三方 C2C 电子商务平台是一种个人对个人的网上交易行为

335. 下列选项中不是第三方电子商务平台提供服务的是（　　）。
 A. 提供安全交易服务
 B. 提供相关经营信息，如行业信息、市场动态
 C. 提供对客户资金的投资理财服务

D. 提供网上签订合同服务、网上支付服务等实现网上交易的服务

336. 下列选项不是选择拍摄商品图片的数码相机时要考虑要素的是（　　）。
　　A. 白平衡　　　　B. 微距　　　　C. 数码变焦　　　D. CCD

337. 当光线不足或光线过于强烈时使用（　　）。
　　A. 大光圈　　　　B. 曝光补偿　　C. 自动变焦　　　D. 手动白平衡

338. （　　）是一款图像处理软件。
　　A. PowerPoint　　B. PhotoShop　　C. Visio　　　　D. Word

339. 下列说法正确的是（　　）。
　　A. GIF 图片格式支持 24bits 的真彩色图片
　　B. 网页中多媒体对象不包括 Flash 对象
　　C. PSD 图片格式不能在网页上显示
　　D. 相对地址是完整的 URL 地址

340. 下列关于框架网页的说法错误的是（　　）。
　　A. 框架网页通常用于目录、文章列表的网页
　　B. 框架网页本身不包括可见内容
　　C. 框架网页可用来将浏览器窗口分割成不同的区域
　　D. 框架网页每一个框架显示的是同一网页的不同部分

341. 下列对 HTML 的描述不正确的是（　　）。
　　A. 可被任何文本编辑器读取　　　B. HTML 是 Internet 上的标准语言
　　C. HTML 标签不能包含空格　　　D. 可用在各种不同的操作系统上

342. 下列有关 HTML 标签的叙述正确的是（　　）。
　　A. 标签要区分大小写　　　　　　B. 不同标签之间可以嵌套，可以交叉
　　C. 标签往往成对出现　　　　　　D. 标签必须包含属性

343. 在 HTML 文档的表单标签中，下列选项属性表示服务器端执行程序的位置的是（　　）。
　　A. action　　　　B. method　　　C. input　　　　D. form

344. 关于"拉卡拉"的说法正确的是（　　）。
　　A. "拉卡拉"便利支付网点较少
　　B. 消费者需要开通网上银行后才能使用"拉卡拉"
　　C. 消费者需要在网络上注册拥有账户后才能使用"拉卡拉"
　　D. "拉卡拉"代表着一种全新的电子支付方式

345. 以支付宝为例，第三方支付流程为（　　）。
　　A. 选择商品—付款到支付宝—支付宝付款给卖家—交易完成
　　B. 选择商品—付款到支付宝—买家收货确认—支付宝付款给卖家—交易完成
　　C. 选择商品—付款到支付宝—买家收货确认—支付宝付款给银行—交易完成
　　D. 选择商品—付款到银行—银行转账给支付宝—交易完成

346. （　　） is an identifier of a web page.
　　A. URL　　　　　B. TAG　　　　C. HTML　　　　D. HTTP

347. 网络词语"楼主"表示（　　）。
    A. 有钱人　　　　B. 发帖子的人　　C. 努力工作的人　　D. 房东
348. 数字证书又称为数字凭证，是用电子手段来（　　）。
    A. 证明客户的银行账号的方法　　　B. 证实一个用户身份的方法
    C. 认证一个企业的信用等级的方法　　D. 进行交易的方法
349. 下列选项是 SET 安全协议中的角色的是（　　）。
    A. 支付网关　　　　　　　　　　B. 客服中心
    C. 物流中心　　　　　　　　　　D. 第三方交易平台
350. 下列有关搜索引擎优化的说法正确的是（　　）。
    A. 搜索引擎优化是指对搜索引擎的查询进行优化
    B. 对于以网页内容相关性为主的蜘蛛型搜索引擎，要在 META 标签中设置有效的关键字和网站描述
    C. 搜索引擎优化要付费给搜索引擎
    D. 搜索引擎优化就是让网站获得搜索引擎收录并在检索结果中排名靠前
351. 满足消费者欲望和需求的成本（Cost to satisfy wants and needs）是网络营销成败的关键，其中网络交易的卖方成本不包括（　　）。
    A. 网站推广成本　　　　　　　　B. 网络营销成本
    C. 顾客承担的风险　　　　　　　D. 顾客服务成本
352. 下列关于勤劳节俭的论述中，不正确的是（　　）。
    A. 勤劳节俭是人的美德，它有利于为企业增产增效
    B. 勤劳和节俭有利于企业可持续发展
    C. 勤劳节俭是促进经济和社会发展的重要手段
    D. 节俭阻碍消费，因而会阻碍市场经济的发展
353. 电子商务系统安全管理制度包括（　　）。
    A. 认证制度　　B. 交易制度　　C. 法律制度　　D. 保密制度
354. 下列选项是网络安全威胁主要来源之一的是（　　）。
    A. 信息泄露　　B. 虚构产品　　C. 拒绝服务攻击　　D. 网络诈骗
355. 近年来，以（　　）为基础、基于银行卡支付的移动支付开始得到发展。
    A. 飞信　　　　B. 信息　　　　C. 短信　　　　D. 彩信
356. 计算机网络安全是指保护计算机网络系统中的硬件、软件和（　　）。
    A. 财务制度　　B. 服务内容　　C. 数据资源　　D. 人员信息
357. 下列说法错误的是（　　）。
    A. 所有民营快递公司的收费标准都一致
    B. 民营快递公司按首重和续重收费
    C. 平邮包裹按照寄递里程分区核定费用
    D. EMS 国内 500g 以内实行分区计费
358. 网络广告提供商收取网络广告费用所依据的技术指标不包括（　　）。
    A. 点击率　　　B. 网页浏览次数　　C. 广告浏览时间　　D. 印象

359. 信息的安全级别一般可以分为机密、（   ）和普通。
    A. 秘密   B. 私密   C. 低密   D. 绝密

360. 下列有关电子邮件的说法，错误的是（   ）。
    A. 快捷是电子邮件系统的特点之一
    B. 电子邮件地址中的@ 表示英文 at
    C. IMAP 是简单邮件传送协议
    D. Foxmail 和 Outlook Express 都是邮件客户端程序

361. 电子商务在签订电子合同以后到合同履行之前，必须完成一系列必要的手续，下列不属于办理合同履行前手续阶段的行为是（   ）。
    A. 支付能力查证   B. 制订进货计划
    C. 账号及密码校验   D. 信用卡申请

362. 未经许可的电子邮件营销也就是通常所说的（   ）。
    A. 邮件炸弹   B. 垃圾邮件   C. 无效邮件   D. 病毒邮件

363. 按照是否将 Email 营销资源用于为其他企业提供服务，Email 营销可分为（   ）。
    A. 经营型 Email 营销和非经营型 Email 营销
    B. 顾客关系 Email 营销和顾客服务 Email 营销
    C. 内部 Email 营销和外部 Email 营销
    D. 临时性 Email 营销和长期性 Email 营销

364. 下列说法正确的是（   ）。
    A. WWW 通过超文本传输协议向用户提供多媒体信息，所提供信息的基本单位是统一资源定位符
    B. Firefox 是苹果公司开发的浏览器软件
    C. FTP 是用于文件传输的协议
    D. URL 的一般格式为："协议名：//域名目录名\ 文件名 "

365. 下列说法错误的是（   ）。
    A. Firefox 是一种浏览器软件
    B. telnet 是用于远程登录的协议
    C. 网页放在服务器上，当用户上网时通过浏览器把网页下载到客户端并显示出来
    D. WWW 是一个分类式的超媒体系统

366. 下列调查问卷中的问题最恰当的是（   ）。
    A. 最近两个月你从这家电器商店购买了什么家电产品？
    B. 这种酱油很润口吧？
    C. 你没有购买 DD 的原因是：（1）买不起   （2）住房拥挤   （3）不会使用
    D. 你家月收入多少？

367. 关于"互联网+"，下列说法正确的是（   ）。
    A. 互联网仅仅是虚拟经济，很难成为主体经济社会的一部分
    B. 在"互联网+"时代，互联网是万能的

C. 随着移动互联网的兴起，越来越多的实体、个人、设备都连接在了一起
D. "互联网+"的关键就是技术，只有技术才能让这个+真正有价值、有意义

368. 注册支付宝账号时需要输入中国大陆手机号码接收认证码，手机号码将成为（　　）。
　　A. 账户名　　　　　　　　　　　　B. 实名手机号
　　C. 只是接收认证码的手机号码　　　D. 支付宝固定手机号码

369. 关于 HTML 标签，下面说法正确的是（　　）。
　　A. 不同标签之间可以交叉，也可以嵌套
　　B. HTML 标签控制文档的显示格式
　　C. 属性可加于起始标签或者结束标签中
　　D. 标签中要么全用小写字符，要么全用大写字符

370. 下列做法不是网络市场调研主要内容的是（　　）。
　　A. 营销因素研究　　　　　　　　　B. 竞争对手研究
　　C. 用户及消费者购买行为的研究　　D. 上网心理因素研究

371. <tr>标签表示（　　）。
　　A. 表格列　　　B. 表格行　　　C. 表格头　　　D. 单元格

372. 开展博客营销的基础是（　　）。
　　A. 人际关系资源的整合和利用
　　B. 产品的特性和优点
　　C. 网络技术的优势
　　D. 对某个领域知识的掌握、学习和有效利用

373. 电子商务物流配送流程不包括（　　）。
　　A. 备货　　　B. 购买　　　C. 储存　　　D. 分拣与配货

374. 下列说法中，不符合语言规范具体要求的是（　　）。
　　A. 语调柔和　　　　　　　　　　　B. 多使用幽默语言，调节气氛
　　C. 用尊称，不用忌语　　　　　　　D. 语感自然

375. 管理员通过以太网或防火墙提供的广域网接口对防火墙进行管理属于（　　）。
　　A. 数据管理　　　B. 远程管理　　　C. 本地管理　　　D. 内部管理

376. 第三方支付面临的问题有（　　）。
　　A. 运行成本问题　　　　　　　　　B. 经营策略问题
　　C. 市场竞争问题　　　　　　　　　D. 政策支持问题

377. 计算机病毒（　　）的功能是按照预定的规则将病毒程序复制到其他文件中。
　　A. 传染模块　　　B. 传输模块　　　C. 引导模块　　　D. 转移模块

378. 论坛不能称为（　　）。
　　A. 电子公告牌　　B. 微博　　　C. 网络社区　　　D. BBS

379. 下列属于电子商务系统安全管理制度的是（　　）。
　　A. 跟踪审计制度　　　　　　　　　B. 财务监管制度
　　C. 财产申报制度　　　　　　　　　D. 事务管理制度

380. （　　）是互联网上的一种攻击手段，将提供服务的网络资源耗尽，导致其无法提供正常服务。

　　A. 拒绝服务攻击　　B. 病毒传播攻击　　C. 远程攻击　　　D. 木马攻击

381. 下面说法正确的是（　　）。

　　A. 目前，网上支付、移动支付、电话支付等多种支付形式同时并存

　　B. 电子支付的安全问题只会影响到电子交易双方的利益

　　C. 贷记卡没有免息还款期，存款无利息

　　D. 第三方电子支付厂商属于金融机构

382. 下列调查问卷中的问题最恰当的是（　　）。

　　A. 请问你每天看电视的平均时间为几小时几分？

　　B. 你现在的存款有多少？

　　C. 最近一周你到过这家超市吗？

　　D. 这种漱口水很清新吧？

383. 电子邮件营销的三个基本因素不包括（　　）。

　　A. 不附带任何商业广告　　　　　B. 信息对用户是有价值的

　　C. 通过电子邮件传递信息　　　　D. 基于用户许可

384. 电子邮件营销按照 Email 营销的功能分类不包括（　　）。

　　A. 在线调查 Email 营销　　　　B. 顾客服务 Email 营销

　　C. 非经营型营销　　　　　　　D. 顾客关系 Email 营销

385. 传输协议 HTTP 是（　　）的缩写。

　　A. Hit Tech Transit Profession　　B. Hyper Text Transfer Protocol

　　C. Happy Text Transfer Package　　D. High Tech Transation Package

386. 网络词语"杯具"表示（　　）。

　　A. 悲剧　　　　　　　　　　　B. 喜欢

　　C. 茶杯和水杯　　　　　　　　D. 很难理解的事

387. 在市场经济条件下，职业道德具有（　　）的社会功能。

　　A. 鼓励人们自由选择职业

　　B. 最大限度地克服人们受利益驱动

　　C. 遏制牟利最大化

　　D. 促使人们的行为规范化

388. 下列说法中，不符合语言规范具体要求的是（　　）。

　　A. 说好"三声"，即招呼声、询问声、道别声

　　B. 用尊称，不用忌语

　　C. 语调柔和

　　D. 言语细致，反复介绍

389. 职业道德对企业起到（　　）的作用。

　　A. 增强竞争力　　　　　　　　B. 决定经济效益

　　C. 改善员工生活水平　　　　　D. 促进决策科学化

390. 坚持办事公道，要努力做到（　　）。
    A. 顾全大局　　　B. 光明磊落　　　C. 因地制宜　　　D. 有求必应
391. 淘宝店铺卖家发布新商品有效期为（　　）天。
    A. 5　　　　　　B. 6　　　　　　C. 7　　　　　　D. 9
392. 关于市场营销组合，下列表述错误的是（　　）。
    A. 产品策略是指做出与产品有关的计划和决策
    B. 大量的市场营销功能是在市场营销渠道中完成的，渠道的计划和决策是指通过渠道的选择、调整、新建以及对中间商的协调和安排，控制相互关联的市场营销机构，以利于更顺畅地完成交易
    C. 价格策略要求定价要科学合理，要与顾客的心理预期相结合
    D. 促销策略包括各种推销手段和客户关系管理
393. 下列选项中不属于电子商务对物流的影响的是（　　）。
    A. 对物流进行有效控制而不影响物流环节
    B. 提高物流时效性的要求
    C. 物流服务空间进一步拓展
    D. 将物流提升到前所未有的高度
394. 店铺推荐宝贝出现在每个宝贝介绍页面的底部或者在店铺最中间的推荐位置，买家浏览店铺的宝贝及店铺时第一眼就能看到这些被推荐的宝贝。普通店铺推荐宝贝数量有（　　）件，由卖家自行选择，在"我的淘宝—管理我的店铺—推荐宝贝"中设置。
    A. 6　　　　　　B. 7　　　　　　C. 5　　　　　　D. 8
395. 下列有关网上商店商品包装的说法错误的是（　　）。
    A. 外包装要和快件的保护材料、缓冲材料和内容物成为一体
    B. 包装件的重心和其几何中心应该分离
    C. 商品包装以最小的包装量包装出最合算的包装才是最好的包装
    D. 商品包装能保障货物安全可靠地运输，具有防冲击、防潮湿、防损坏的功能
396. 关于网络营销的特点，下列表述错误的是（　　）。
    A. 互联网是一种功能最强大的营销工具，它所具备的一对一营销能力，正是符合定制营销与直复营销的未来趋势
    B. 网络营销的经济性决定其无须较大的技术投入和技术支持
    C. 市场营销的最终目的是扩大市场份额，由于网络营销能够超越时间约束和空间限制进行信息传播和交换，因而使企业能有更多时间和更大空间进行营销，可每周7×24小时随时随地地提供全球性营销服务
    D. 互联网用户数量快速成长并遍及全球，使用者多属年轻、中产阶级、高教育水准，由于这部分群体购买力强而且具有很强的市场影响力，因此网络营销是一条极具开发潜力的市场渠道
397. 下列关于网络营销特点的说法错误的是（　　）。

A. 网络营销无法避免不同传播中不一致性产生的消极影响

B. 通过互联网络进行信息交换，代替以前的实物交换，一方面可以减少印刷与邮递成本，可以无店面销售，免交租金，节约水电与人工成本，另一方面可以减少由于来回多次交换带来的信息缺失

C. 网络营销区别于传统营销的根本之处在于网络本身的特性和消费者需求个性的回归。这导致传统营销理论不能完全胜任对网络营销的指导

D. 网络营销是建立在高技术作为支撑的互联网基础上，企业实施网络营销必须有一定的技术投入和技术支持

398. 相对于传统的市场营销，网络营销具有独特的优势，表现为网络营销具有极强的（　　），可以帮助企业实现全程目标的运营管理。
    A. 主动性　　　　B. 强制性　　　　C. 互动性　　　　D. 被动性

399. 互联网起源于（　　）。
    A. CERFnet　　　B. Alternet　　　C. ARPANET　　　D. PSINET

400. 中国联通获得（　　）3G牌照。
    A. TD-SCDMA　　B. CDMA 2000　　C. WCDMA 2000　　D. WCDMA

401. 下列IP地址正确的是（　　）。
    A. 192.168.1.256　　　　　　　　B. 127.0.0.1
    C. 10.0.0.1.13　　　　　　　　　D. 202.96.65

402. 现代物流是以满足（　　）的需求为目标，把制造、运输、销售等市场情况统一起来考虑的一种战略措施。
    A. 供应商　　　　B. 生产者　　　　C. 采购商　　　　D. 消费者

403. （　　）和存储保管是物流的两大支柱。
    A. 生产　　　　B. 运输　　　　C. 装卸　　　　D. 包装

404. 商品代码和数据库的建立，运输网络合理化，销售网络系统化，物流中心管理电子化，电子商务和物品条码技术应用等代表了（　　）。
    A. 现代物流系统化趋势
    B. 仓储、运输的现代化与综合体系化趋势
    C. 物流中心、批发中心、配送中心的社会化趋势
    D. 现代物流信息化趋势

405. 完全相同以及商品的重要属性完全相同的商品，只允许使用一种出售方式：在一口价和（　　）中选择一个，发布一次。
    A. 秒杀　　　　B. 拍卖　　　　C. 限价　　　　D. 预订

406. 下列关于HTML的说法不正确的是（　　）。
    A. HTML文档显示一个图像时，文档包含这个图像文件的二进制信息
    B. HTML语言是标记语言
    C. HTML语言是描述文档结构的语言
    D. HTML文档使用标签规定信息的显示格式

407. 关于市场营销，下列表述错误的是（　　）。

A. 现代市场营销学认为，推销只是市场营销活动的一部分，但不是最重要的部分；是企业营销人员的职能之一，但不是最重要的职能

B. 市场营销的全过程本质上就是商品交换过程

C. 消费者或用户不仅是市场营销活动全过程的终点，而且是市场营销活动全过程的起点

D. 所谓微观市场营销，是把市场营销看成与市场有关的人类活动，利用公共政策和社会管理促使社会供给能力最有效地满足全社会需求的社会经济过程

408. 与传统营销相比，网络营销的优势包括（　　）。

　　A. 网络营销比传统市场营销更安全

　　B. 采用网络营销，建立和维护企业站点需要投资，所以成本会有所增加，但是比传统营销效果更佳

　　C. 网络营销具有极强的主动性，可以帮助企业实现全程目标的运营管理

　　D. 网络营销能够帮助企业增加销售，提高市场占有率

409. 关于网络营销的优势，下列表述错误的是（　　）。

　　A. 通过互联网络可以有效地服务于顾客，满足顾客的需求

　　B. 网络营销具有极强的互动性，可以帮助企业实现全程目标的运营管理

　　C. 网络营销能够帮助企业增加销售，提高市场占有率

　　D. 采用网络营销，建立和维护企业站点需要投资，所以成本会有所增加，但是比传统营销效果更佳

410. 网络营销是一对一的、理性的、消费者主导的、非强迫性的、循序渐进式的，而且是一种低成本与人性化的促销，避免推销员强势推销的干扰，并通过信息提供与交互式交谈，与消费者建立长期良好的关系。以上是关于网络营销（　　）特点的表述。

　　A. 整合性　　　　B. 个性化　　　　C. 超前性　　　　D. 交互式

411. 下列选项中不是现代市场营销学中市场营销的功能分类的是（　　）。

　　A. 便利功能　　　B. 交流功能　　　C. 示向功能　　　D. 物流功能

412. 防火墙的管理一般分为本地管理、远程管理和（　　）。

　　A. 集中管理　　　B. 统筹管理　　　C. 登录管理　　　D. 分类管理

413. 淘宝店铺公告的设置在（　　）后台实现。

　　A. 促销管理　　　B. 媒体中　　　C. 店铺基本设置　　D. 店铺装修

414. 下列说法错误的是（　　）。

　　A. 电子商务系统框架结构的主体有4层，自下而上的顺序是网络层、传输层、服务层、应用层

　　B. 电子商务的社会环境包括公共政策、法律法规以及安全协议、技术标准两大方面

　　C. 电子商务系统框架结构中的服务层又称为电子商务平台

　　D. 电子商务的安全协议不包括 S/MIME

415. （　　）不是第三方支付的特点。

A. 第三方支付平台提供一系列的应用接口程序

B. 可以为卖家提供更多的增值服务

C. 第三方支付平台不利于打破银行卡之间的壁垒

D. 可以帮助商家降低运营成本，帮助银行节省网关开发费用

416. 信息的完整性包括信息（   ）、不被遗漏。
    A. 不被泄露   B. 不可抵赖   C. 不被篡改   D. 可被认证

417. 下列选项中不是网络市场调研应遵循的原则是（   ）。
    A. 尽量提高样本分布不均衡的影响   B. 公布保护个人信息声明
    C. 认真设计在线调查表   D. 尽量减少无效问卷

418. 下列关于数据分析方法的说法错误的是（   ）。
    A. 回归分析又称群分析和类分析
    B. 相关分析的做法是：利用相关系数的计算，分析两个变量相互之间变化方向及密切程度，即相关程度
    C. 判别分析是判别样本所属类型的一种多元统计方法，在生产、科研与日常生活中都经常用到
    D. 时间序列分析的做法是：根据系统观测得到的时间序列数据，通过曲线拟合和参数估计来建立数学模型的理论和方法

419. 下列属于计算机病毒特点的是（   ）。
    A. 多发性   B. 危险性   C. 针对性   D. 盲目性

420. 中国移动获得（   ）3G 牌照。
    A. TD-SCDMA   B. WCDMA   C. CDMA 2000   D. SCDMA 2000

421. 发送信息给 210.65.255.255 表示将信息广播到（   ）网络。
    A. 210.65.255   B. 210.65
    C. 210.65.255.255   D. 210

422. 下列关于域名注册的说法不正确的是（   ）。
    A. 两个企业即使在不同类行业或产品之间也不能使用相同的域名
    B. 根据《中国互联网络域名注册暂行管理办法》规定，注册时发生相同域名申请时，由 CNNIC 仲裁决定域名归属
    C. 在国内已注册的域名可以变更或撤销，但不能买卖和转让
    D. 一个企业对域名从注册到使用的全过程拥有的法律权利，是受到法律保护的知识产权

423. 网络词语"粉丝"表示（   ）。
    A. 某人的拥护者   B. 不喜欢   C. 好心情   D. 食物

424. WiFi 的无线电波覆盖范围广，半径可达（   ）米。
    A. 100   B. 200   C. 50   D. 150

425. TCP/IP 是一个协议组，其中不包括（   ）协议。
    A. TCP   B. UDP   C. IP   D. OSI

426. 下列选项属于 Internet 特点的是（   ）。

A. 不论采用何种协议，任何两台主机之间都可以进行通信
B. 信息容量大，但不便于检索信息
C. 信息可以在全球范围内传播
D. 永远提供最新的信息内容

427. 下列关于开拓创新的说法错误的是（   ）。
    A. 创造意识要在竞争中培养，要敢于标新立异，善于大胆设想
    B. 大胆地破除现有的结论，自创理论体系
    C. 要有创造意识和科学的思考方法
    D. 要有坚定的信心和意志

428. 遵循团结互助的职业道德规范，不包括（   ）。
    A. 各司其职   B. 加强协作   C. 尊重他人   D. 平等待人

429. 下列关于关键字广告的说法错误的是（   ）。
    A. 关键字广告是付费搜索引擎营销的一种形式
    B. 关键字广告价格比较低廉
    C. 用户利用关键字进行检索时，在检索结果页面会出现与该关键字相关的广告内容
    D. 关键字广告的关键字和链接地址都是由搜索引擎帮助用户设定的

430. 下列说法正确的是（   ）。
    A. 搜索引擎营销主要目的之一是对企业网站进行推广
    B. 搜索引擎营销是一种搜索引擎主导的网络营销
    C. 搜索引擎营销不具有用户定位方面的功能
    D. 搜索引擎的搜索方式、提供的服务模式不会直接影响使用它进行营销的效果

431. 搜索引擎优化时，对于以网页内容相关性为主的蜘蛛型搜索引擎，采用（   ）的方法。
    A. 在网页中增加关键字的密度
    B. 在 META 标签中设置有效的关键字
    C. 增加网站的网页数量
    D. 增加网站的结构层次

432. 目前，国内银行暂时没有实用系统支持的电子支付方式包括（   ）、电子支票等。
    A. 电子网络   B. 电子汇款   C. 电子现金   D. 电子转账

433. 互联网上攻击者通过某种方式在用户电脑上植入恶意软件，对用户的密码信息进行（   ）。
    A. 网上骗取   B. 网上搜索   C. 网络测试   D. 终端盗取

434. 交易双方达成交易后所签订的合同、文件等，不能被没有授权的人篡改，也不应被有授权的用户随意修改。这体现了电子商务安全要求中（   ）的要求。
    A. 信息的完整性要求   B. 信息的保密性要求

C. 信息的有效性要求　　　　　　　D. 通信的不可抵赖、不可否认要求

435. 下列选项中属于常用防病毒软件是（　　）。
　　A. PC-cillin　　　B. Adobe　　　C. Picasa　　　D. 网络快车

436. 网上银行提供的服务类别不包括（　　）。
　　A. 电子商务相关业务服务　　　　B. 网上形式的传统银行业务服务
　　C. 电子金融创新业务服务　　　　D. 电子金融认证服务

437. 及时下载安装操作系统补丁属于计算机病毒（　　）方面的防范措施。
　　A. 支持　　　B. 管理　　　C. 控制　　　D. 技术

438. 代理服务型是基于（　　）的防火墙。
　　A. 网络层　　　B. 数据链路层　　　C. 协议层　　　D. 应用层

439. 在 Windows 环境下电子邮件有（　　）两种。
　　A. http 方式和客户端方式　　　　B. www 方式和 http 方式
　　C. www 方式和客户端方式　　　　D. 客户端方式和服务器方式

440. 与 internet 相连的任何一台计算机，不管是最大型的还是最小型的，都被称为 internet（　　）。
　　A. 主机　　　B. 服务站　　　C. 客户机　　　D. 工作盘

441. 从 www.nycc.edu.jp 可以看出它是（　　）。
　　A. 一个政府组织的站点　　　　　B. 一个军事部门的站点
　　C. 一个商业组织的站点　　　　　D. 一个教育机构的站点

442. 下列关于 DNS 的描述最准确的是（　　）。
　　A. DNS 只是将域名解析成 IP 地址
　　B. DNS 既可以将域名解析成 IP 地址，又可以将 IP 地址解析成域名
　　C. DNS 只是将 IP 地址解析成域名
　　D. 其他 3 种说法都不对

443. 下列说法错误的是（　　）。
　　A. 在电子商务一般的交易过程中，买方通过互联网和其他电子商务网络（各种增值网），寻找所需的商品和商家，发出询价和查询信息，收集相关信息，进行市场调查和分析，制订和修改购货、进货计划，比较选择，做出购买决策，审批计划，筹划货款等。这些行为属于交易前准备阶段
　　B. 电子商务的交易过程同传统商业很相似，先后都要经历五个阶段。但是两者所采用的技术手段、所运用的管理模式有很大的差异，最终的效果则显然不同
　　C. 电子商务交易的五个阶段都充分体现对信息流、资金流和物流的科学管理
　　D. 在电子商务一般的交易过程中，办理信用卡申请、账号及密码交验、支付能力查证、支付信誉查证、付款通知、转账通知等的手续。这些行为属于洽谈和签订合同阶段

444. The (　　) controls the cursor or pointer on the screen and allows the user to access commands by pointing and clicking.

A. program　　　　　B. printer　　　　　C. graphics　　　　　D. mouse

445. 网络词语"潜水"表示（　　）。
　　A. 利用水肺和压缩空气潜入海里的行为
　　B. 有技术的人
　　C. 论坛或聊天室中只浏览不发言的行为
　　D. 强壮

446. 下列网页制作原则正确的是（　　）。
　　A. 网页下载时间不宜过长　　　　B. 大量加入多媒体文件
　　C. 尽量使用绝对 URL 地址　　　　D. 网页命名要复杂

447. 第三方支付面临的问题不包括（　　）。
　　A. 运行风险问题　　　　　　　　B. 政府监管问题
　　C. 政策支持问题　　　　　　　　D. 市场竞争问题

448. 统一资源定位符的格式为（　　）。
　　A. 路径名://域名/目录名/文件名　　B. 协议名://域名/目录名/文件名
　　C. 协议名://主机名/目录名/文件名　　D. 路径名://主机名/目录名/文件名

449. 下列选项不是浏览器软件的是（　　）。
　　A. Nero　　　　B. Firefox　　　　C. Internet Explorer　　D. Opera

450. 下列选项不属于计算机病毒特点的是（　　）。
　　A. 可触发性　　　B. 破坏性　　　　C. 针对性　　　　D. 强制性

451. 计算机病毒能通过（　　）传播媒介进行传播。
　　A. 电波　　　　　B. 纸张文件　　　C. 互联网　　　　D. 空气

452. （　　）在页面左右两侧随浏览者滚动页面而滚动，追踪效果好。它与分辨率无关，永远保持在页面两侧，可关闭功能。
　　A. 焦点广告　　　B. 竖边广告　　　C. 对联广告　　　D. 分类广告

453. 关于网络广告的概念，下列说法不正确的是（　　）。
　　A. 以数字代码为载体
　　B. 具有良好的交互功能
　　C. 采用高水平的美工师设计和制作
　　D. 通过互联网广泛传播

454. 当前电子支付中存在的主要问题是（　　）。
　　A. 跨国交易中的关税问题　　　　B. 经济问题
　　C. 支付票据格式的统一问题　　　D. 货币兑换问题

455. 企业网上商店的开设方式主要有（　　）。
　　A. 找经销商　　　　　　　　　　B. 自建网上商店
　　C. 在博客上开设网店　　　　　　D. 在论坛上开设网店

456. 下列选项中属于第三方电子商务平台网站的是（　　）。
　　A. 阿里巴巴　　　B. 卓越网　　　　C. 凡客　　　　　D. 当当网

457. 电子商务系统框架结构中的社会环境不包括（　　）。

A. 生活标准　　B. 法律法规　　C. 安全协议　　D. 公共政策

458. 不属于电子商务系统组成成员的是（　　）。

A. 银行　　B. 销售中心　　C. 律师事务所　　D. 配送中心

459. 电子商务是基于（　　）这个大平台上的，而传统的EDI是基于各种增值网的。

A. 互联网　　B. 窄带网　　C. 局域网　　D. 宽带网

460. 邮件列表的特点包括（　　）。

A. 简化信息发布、内容收费、加入方便
B. 信息发布有针对性、加入方便、简化信息发布
C. 信息发布有针对性、内容收费、简化信息发布
D. 信息发布有针对性、内容收费、加入方便

461. 电子商务较之传统商业所具有的特点中不包括（　　）。

A. 覆盖面窄，只限于区域市场
B. 全面增强企业的竞争力
C. 减少运营成本，显著降低收费
D. 全天时营业，增加商机和方便客户

462. 电子商务对人类社会产生重要影响，下列叙述错误的是（　　）。

A. 电子商务使大小企业可获得相当的市场准入条件，都享有较低的市场准入条件
B. 电子商务实现商务的国际化、信息化和无纸化，缩减交易程序，提高办事效率
C. 电子商务改变了人们的社会地位
D. 电子商务使企业可以绕过传统的分销商、经销商以及零售商，直接与广大客户来往，不论是网络直销还是网络间接销售都令传统中间商的作用逐渐淡化

463. 下列选项中属于按物流系统性质分类的是（　　）。

A. 国际物流　　B. 销售物流　　C. 回收物流　　D. 第三方物流

464. 第三方物流企业的业务功能一般分为四个中心，下列属于四个中心的是（　　）。

A. 开发服务中心　　B. 存储管理中心
C. 生产服务中心　　D. 标准规范中心

465. 物流配送流程是指物流配送中一系列物流配送作业，按照一定顺序排列而成的连贯环节的集合。下面不属于配送流程的是（　　）。

A. 储存　　B. 分拣与配货　　C. 备货　　D. 提货

466. 有时候，可能周围干扰的因素比较多，既有阳光，又有黄光，又有蓝光，这个时候我们就要使用（　　）。

A. 曝光补偿　　B. 手动白平衡模式
C. 手动变焦　　D. 反光板

467. 下列关于光圈快门的叙述正确的是（　　）。
     A. 快门越慢，拍摄的商品越暗　　　　B. F值越小，光圈越大
     C. 光圈控制拍摄的速度　　　　　　　D. 小光圈的景深小
468. （　　）用来防止拍摄的抖动。
     A. 反光板　　　B. 手动白平衡　　　C. CCD　　　　D. 三脚架
469. 我们拍摄的商品图片的像素有时候会很大，影响浏览速度且不利于上传。这时候就要对图片进行（　　）。
     A. 色彩处理　　B. 裁剪　　　　　　C. 缩放　　　　D. 模糊处理
470. 交换机的英文是（　　）。
     A. cisco　　　　B. link　　　　　　C. router　　　　D. switch
471. 网络词语"火星帖"表示（　　）。
     A. 没人看得明白的帖子
     B. 有质量的帖子
     C. 稀奇的帖子
     D. 很久以前已经被无数人看过转过的旧帖
472. 内部网的英文是（　　）。
     A. Insidenet　　B. Localnet　　　　C. Intranet　　　D. Neibunet
473. 网络词语"偶"表示（　　）。
     A. 机器人　　　B. 我　　　　　　　C. 偶像　　　　D. 双数
474. 网络词语"神马"表示（　　）。
     A. 名贵　　　　B. 神经病　　　　　C. 跑得很快　　D. 什么
475. BBS是（　　）的缩写。
     A. Be Best System　　　　　　　　　B. Bad Baby System
     C. Best Buy System　　　　　　　　　D. Bulletin Board System
476. A Web (　　) is one of many software applications that function as the interface between a user and the Internet.
     A. display　　　B. view　　　　　　C. browser　　　D. window
477. 通过手机在自动售货机上购买饮料属于（　　）。
     A. 定向支付　　B. 非定向支付　　　C. 远程支付　　D. 现场支付
478. 我国电子商务立法应采纳的原则不包括（　　）。
     A. 促进交易原则　　　　　　　　　　B. 保护消费者权益原则
     C. 技术开放原则　　　　　　　　　　D. 与国际电子商务规范接轨原则
479. 下列关于建立邮件列表的说法错误的是（　　）。
     A. 群发邮件的方式可以在邮件列表营销的初期试用或者作为一种过渡手段
     B. 邮件列表的建立通常要与网站的其他功能分开，由一个人或一个部门独立完成，杜绝其他干扰
     C. 邮件列表必须是用户自愿加入的，要能够长期保持用户的稳定增加，邮件列表的内容必须对用户有价值，邮件内容也需要专业的制作

D. 邮件列表的用户数量需要较长时期的积累，为了获得更多的用户，还需要对邮件列表本身进行必要的推广，需要投入相当的营销资源

480. 下列说法正确的是（　　）。
    A. 电子商务系统组成成员包括律师事务所
    B. 电子商务安全协议中的 HTTP 的作用是保障 Web 网站数据的安全
    C. 电子商务技术标准成果有 1996 年 12 月 World Wide Web 协会（W3C）公布的扩展标记语言（ML）
    D. 电子商务系统框架结构中的网络层的相应设备有电子商务服务器、数据库服务器、账户服务器、协作服务器

481. 下列选项中，HTML 标签书写正确的是（　　）。
    A. <ta ble>　　　B. <TiTle>　　　C. < >　　　D. </body>

482. 下列关于 HTML 的说法不正确的是（　　）。
    A. HTML 语言是描述文档结构的语言
    B. HTML 文档使用标签规定信息的显示格式
    C. HTML 语言是标记语言
    D. HTML 语言是程序语言

483. <hr>标签的作用是（　　）。
    A. 注释　　　B. 水平线　　　C. 换行　　　D. 粗体字

484. 所有买方和卖方，还有其他参与方，都在虚拟市场上运作，其信用依靠密码的辨认或（　　）的认证。
    A. 验证机构　　　B. 金融机构　　　C. 认证机构　　　D. 鉴定机构

485. 下列说法正确的是（　　）。
    A. 相比第三方平台，企业自建网上商店可以拥有一个属于企业而又面向广大网络消费者的信息载体，而且建设费用低廉
    B. 第三方电子商务平台主要分为 B2B 电子商务平台和 B2C 电子商务平台两类
    C. 第三方 C2C 电子商务平台主要面向企业，侧重于批发业务
    D. 第三方 B2B 电子商务平台解决了交易双方的身份认证问题，使交易更加安全

486. 光圈在相机上称为（　　）值。
    A. F　　　B. B　　　C. I　　　D. K

487. （　　）作用是减少光线对拍摄的干扰。
    A. 光圈　　　B. 白平衡　　　C. 微距　　　D. 曝光补偿

488. 利用网络研究和分析市场需求情况，主要目的在于掌握（　　）。
    A. 市场需求量、市场竞争度、市场占有率
    B. 市场规模、市场竞争度、市场占有率
    C. 市场需求量、市场规模、市场占有率
    D. 市场需求量、市场规模、市场竞争度

489. 网络营销策略组合已经由传统的 4Ps 营销组合逐步转向 4Ps 与 4Cs 相结合的整

合营销组合，4Cs 不包括（　　）。

A. 沟通策略　　　　B. 投资策略　　　　C. 成本策略　　　　D. 顾客导向策略

490. (　　) 浏览器软件是 Google 公司的产品。

A. Firefox　　　　B. Internet Explorer　　C. Chrome　　　　D. Opera

491. 电子现金具有现金的属性，即有货币价值，可交换、可存储，具有（　　）。

A. 实名性　　　　B. 冠名性　　　　C. 匿名性　　　　D. 署名性

492. 下列选项属于邮件客户端程序的是（　　）。

A. Foxpro　　　　B. Foxmail　　　　C. Macro Express　　D. Access

493. 在电子商务活动中，当消费者进行"支付"时，他们交付给卖方的是（　　）。

A. 纸币

B. 为其认可的资金数额

C. 票据

D. 信用卡

494. 下列选项属于防火墙作用的是（　　）。

A. 阻止数据包传送

B. 防止计算机病毒复制

C. 限制他人进入内部网络，过滤掉不安全服务和非法用户

D. 增加信息传输速度

495. 通过（　　）可以提高图片清晰度。

A. 模糊化　　　　B. 裁剪　　　　C. 色阶调整　　　　D. 锐化

496. 一张合格的商品图片在吸引人的同时主要需要还原出商品的（　　）特征。

A. 重量　　　　B. 味道　　　　C. 价格　　　　D. 外形

497. 下列关于光圈快门的叙述正确的是（　　）。

A. 快门控制镜头的焦距　　　　B. 大光圈的景深大

C. F 值越大，光圈越小　　　　D. 用大光圈拍摄时，快门要慢

498. IP 地址分为（　　）等几类。

A. A、B、C、D、E　　　　B. A、B、C、D

C. A、B、C　　　　D. A、B、C、D、E、F

499. 互联网的第一次快速发展出现在（　　）。

A. 20 世纪 60 年代末期　　　　B. 20 世纪 80 年代中期

C. 第二次世界大战中　　　　D. 20 世纪 90 年代初期

500. 勤劳节俭的现代意义在于（　　）。

A. 节俭阻碍消费，不利于企业可持续发展

B. 勤劳是现代市场经济需要的，而节俭则不宜提倡

C. 勤劳节俭只有利于节省资源，无法为企业增产增效

D. 勤劳节俭是促进经济和社会发展的重要手段

501. 在公私关系上，符合办事公道的具体要求是（　　）。

A. 不徇私情　　　　B. 尊卑有别

C. 把个人得失放在首位　　　　D. 老幼优先

502. 在市场经济条件下，（　　）不违反职业道德规范中关于诚实守信的要求。

A. 打进对手内部，增强竞争优势

B. 通过诚实合法劳动，实现利益最大化

C. 根据服务对象来决定是否遵守承诺

D. 凡有利于增大企业利益的行为就做

503. 下列说法错误的是（　　）。

A. 电子商务立法的作用体现在为电子商务的健康、快速发展创造了一个良好的法律环境

B. 作为一种商业活动，电子商务是应当纳税的，但从促进电子商务发展的角度看，在一定时期内实行免税是很有必要的

C. 由于在线交易是在网络这个特殊的环境中完成，所以现实的法律不适用它

D. 1999年3月我国颁布了新的《合同法》。《合同法》在合同形式方面大胆地吸收了数据电文形式，并将之视为书面合同

504. 电子商务交易中买方的义务不包括（　　）。

A. 应当承担对标的物验收的义务

B. 对标的物的质量承担担保义务

C. 应承担按照合同规定的时间、地点和方式接受标的物的义务

D. 应承担按照网络交易规定方式支付价款的义务

505. 电子商务交易的安全要求包括（　　）。

A. 信息的公开性　　　　　　　　B. 信息的易用性

C. 信息的有效性　　　　　　　　D. 信息的标准性

506. 在电子商务安全要求中，信息的完整性要求（　　）。

A. 信息不被篡改、不被遗漏

B. 信息内容不能随便被他人获取

C. 一条信息被发送或被接收后，能保证信息的收发各方都有足够的证据证明接收或发送的操作已经发生

D. 能确认交易双方的身份

507. 下列选项中不是买卖双方选择第三方电子商务平台的好处是（　　）。

A. 相比企业自建网站，这样的市场解决方案对于大型企业更实用

B. 大量卖方通过第三方平台发布信息，形成信息集聚效应

C. 买方可以在第三方电子商务平台上方便地搜寻需要的产品和服务，扩大了选择范围

D. 交易双方只需要访问第三方平台的界面，而不是多个网站界面，节省了大量的时间和费用

508. 下列选项中不是网上商店具有的优势是（　　）。

A. 消费者范围小　　　　　　　　B. 开店成本低

C. 经营方式灵活　　　　　　　　D. 受限制少

509. 下列选项中不是对商品图片添加边框、背景和水印的目的是（　　）。

A. 统一网店风格，打造网店品牌

B. 更加突出商品，增加商品图片的魅力

C. 防止图片被别人随意盗用

D. 增加商品的清晰度和买家的购买欲

510. 下列说法正确的是（　　）。

A. 人造光源主要是指阳光

B. 一般来说，商品拍摄至少需要两种类型的光源，一种是主光，一种是轮廓光

C. 微距就是能把物体细节表现清楚的最近的拍摄距离

D. 大光圈能够进入的光线少

511. 移动支付具有的特性不包括（　　）。

A. 实时　　　　B. 快捷　　　　C. 随身　　　　D. 安全

512. 下列说法错误的是（　　）。

A. Chrome 是 google 公司开发的浏览器

B. HTTP 是用于访问大多数 Web 页面的协议

C. 互联网上的所有资源都是通过 URL 来访问的

D. WWW 是一个基于文本方式的信息查询工具

513. 博客营销中对读者行为进行研究可以采用（　　）。

A. 收费会员方式

B. 在博客文章中设置在线调查表的链接，便于有兴趣的读者参与调查

C. 增加博客文章

D. 提高搜索引擎可见性

514. 数字证书包含的内容是（　　）。

A. 离散序列　　B. 证书列表　　C. 签名算法　　D. 数字信封

515. 下列有关数字信封的说法正确的是（　　）。

A. 数字信封中会话密钥是直接传送到接收方

B. 数字信封中使用发送者的公钥对会话密钥进行加密

C. 数字信封中使用接收者的公钥对会话密钥进行加密

D. 数字信封中使用发送者的私钥对会话密钥进行加密

516. 通常一个站点上的网页链接都使用（　　）。

A. 相对地址　　B. 绝对地址　　C. ULR 地址　　D. 对象地址

517. 下列有关框架网页的叙述正确的是（　　）。

A. 框架网页中不同框架可以显示不同的网页

B. 框架网页显示时，首先显示的是框架网页本身的内容

C. 框架网页只能显示框架网页本身的内容

D. 框架网页中不同框架显示同一个网页不同的部分

518. 下列说法正确的是（　　）。

A. 电子商务按交易的内容基本上分为企业电子商务和消费者电子商务

B. 电子商务使大小企业可获得相当的市场准入条件，都享有较低的市场准入条件

C. 电子商务只能销售软体商品（无形商品），而实体商品（有形商品）仍由传统商务销售

D. 电子商务按网络类型基本上分为直接电子商务和间接电子商务

519. 从网络安全威胁的承受对象看，下列选项不属于电子商务安全威胁的是（   ）。

    A. 对数据库的安全威胁

    B. 对通信设备、线路的安全威胁

    C. 对交易制度的安全威胁

    D. 对 WWW 服务器的安全威胁

520. 电子支付按（   ）方式来分，包括网上支付、电话支付、移动支付、销售点终端交易、自动柜员机交易和其他电子支付方式。

    A. 支付流程   B. 提供服务   C. 指令发起   D. 指令审批

521. WCDMA 是移动运营商（   ）获得的 3G 牌照。

    A. 中国移动   B. 中国联通   C. 中国电信   D. 中国铁通

522. IPV6 用于解决（   ）的问题。

    A. IPV4 地址不足

    B. IPV4 地址分配不合理

    C. IPV4 地址结构复杂

    D. IPV4 不能应用于下一代家用电器（如智能冰箱）

523. 国家/地区顶级域名根据网络所属国别划分，常用国家/地区的两个字母缩写来表示。下列选项中代表英国的是（   ）。

    A. un   B. jp   C. in   D. uk

524. 下列有关电子邮件的说法错误的是（   ）。

    A. Foxmail 是电子邮件客户端程序

    B. 如果电子邮件到达时，该用户并没有上网，那么已到达的电子邮件将退回给发信人

    C. 在电子邮件服务中采用 SMTP 协议作为发信协议

    D. 电子邮件服务是一种通过计算机网络与其他用户进行联系的快速、简便、高效、价廉的现代化通信手段

525. 博客营销的特点是（   ）。

    A. 博客与企业网站相比，文章的内容题材和发布方式更为灵活

    B. 与门户网站发布广告和新闻相比，博客传播具有的自主性较少

    C. 与博客营销的信息发布方式相比，论坛文章显得更正式，可信度更高

    D. 不具有搜索引擎可见性

526. 下列说法错误的是（   ）。

    A. 搜索引擎营销主要目的之一是对企业网站进行推广

    B. 搜索引擎传递的信息只发挥向导作用

    C. 所有依靠搜索引擎来实施网络营销的网站推广方式，都可以说是搜索引擎营销

    D. 搜索引擎营销是由进行营销的企业所主导的

527. 搜索引擎优化（　　）。
    A. 使网站在检索结果中排名靠前
    B. 使网站出现在搜索结果页面的右侧
    C. 将广告主动推送到这些合作伙伴的网站上
    D. 使搜索引擎加快查询的速度
528. 关于关键字广告，下列说法正确的是（　　）。
    A. 只有大型企业才能问津
    B. 一种低效的广告投放方式
    C. 设有最低限额，广告费用较难控制
    D. 具有较高的定位，其效果比一般网络广告形式要好
529. 关于 HTML 标签，下面说法正确的是（　　）。
    A. 标签必须成对出现
    B. 属性可加于起始标签或者结束标签中
    C. 标签中要么全用小写字符，要么全用大写字符
    D. HTML 标签规定网页文档的逻辑结构
530. 下列关于 HTML 的说法错误的是（　　）。
    A. HTML 文档的文件头使用<body>…</body>这对标签标识
    B. HTML 编辑器或文档编辑工具等都可以用来创建 HTML 文档
    C. HTML 使用描述性的标签符（称为标签）来规定显示信息的格式或结构
    D. HTML 可以在各种不同的操作系统上使用
531. 在<input>标签中，属性表示输入类型的是（　　）
    A. field　　　　　B. option　　　　　C. value　　　　　D. type
532. 一条信息被发送或被接收后，应该通过一定的方式，保证信息的收发各方都有足够的证据证明接收或发送的操作已经发生，这体现电子商务安全要求中（　　）要求。
    A. 通信的不可抵赖、不可否认　　　　B. 信息的保密性
    C. 信息的完整性　　　　　　　　　　D. 信息的有效性
533. 下列方式中设置密码是安全的是（　　）。
    A. 避免使用重复的密码
    B. 使用固定密码
    C. 使用连续的字母或数字
    D. 保证至少 3 个字符以上的密码长度
534. 下列选项属于第三方 C2C 电子商务平台的是（　　）。
    A. 拍拍网　　　　　　　　　　　　　B. 环球资源网
    C. 卓越网　　　　　　　　　　　　　D. 阿里巴巴网
535. 关于跨境电商商铺产品的主图，下列选项中描述错误的是（　　）。
    A. 主图是客户在列表页看到我们产品的第一张图
    B. 主图就是一张图片，不需要在意

C. 制作主图时要重点突出主产品
D. 产品大小比例按照黄金分割点来占比和布局

536. 选择防病毒软件时应考虑的要素包括（   ）。
    A. 病毒的破坏速度　　　　　　　　B. 病毒的发作时间
    C. 病毒的响应速度　　　　　　　　D. 病毒的种类特性

537. 下列选项是计算机病毒特点的是（   ）。
    A. 针对性　　　B. 可能性　　　C. 模糊性　　　D. 统一性

538. 用户使用自己的手机进行支付，必须先发送规定的短信（   ）。
    A. 定制　　　B. 购买服务　　　C. 试用　　　D. 预存现金

539. 在现代市场营销学中，市场营销的功能分为四类。其中，便利功能不包括（   ）。
    A. 信息沟通　　　　　　　　　　　B. 需求分析
    C. 产品标准化和分级　　　　　　　D. 风险承担

540. 与传统营销相比，网络营销的优势不包括（   ）。
    A. 网络营销具有极强的互动性，可以帮助企业实现全程目标的运营管理
    B. 网络营销由于可以提供全天候的广告及服务，因此成本有所增加，但是对帮助企业增加销售、提高市场占有率效果显著
    C. 网络营销通过互联网络，可以即时连通国际市场，减少市场壁垒
    D. 网络营销能满足顾客对于购物方便性的要求，提高顾客的购物效率

541. 关于网络营销的特点，下列表述错误的是（   ）。
    A. 互联网是一种功能最强大的营销工具，它所具备的一对多营销能力，正是符合定制营销与直复营销的未来趋势
    B. 网络营销是建立在高技术作为支撑的互联网基础上，企业实施网络营销必须有一定的技术投入和技术支持
    C. 网络营销由发布商品信息、交易、收款至售后服务和客户关系管理等活动均可通过网络实现，因此也是一种全程的营销渠道
    D. 市场营销的最终目的是扩大市场份额，由于网络营销能够超越时间约束和空间限制进行信息传播和交换，因而使企业能有更多时间和更大空间进行营销，可每周 7×24 小时随时随地地提供全球性营销服务

542. 从价格策略向（   ）的转换，说明企业确实开始站在顾客的立场，使顾客以最小的代价获得最大的利益。
    A. 便利策略　　　B. 沟通策略　　　C. 促销策略　　　D. 成本策略

543. 电子邮件营销在实际应用中可以按照营销计划分类，其中临时性 Email 营销是企业不定期的营销活动，一般不包括（   ）。
    A. 市场调查　　　B. 产品促销　　　C. 新产品通知　　　D. 新闻邮件

544. 邮件列表有两种基本形式，分别是公告型和（   ）。
    A. 经营型　　　B. 电子刊物型　　　C. 新闻邮件型　　　D. 讨论型

545. 下列说法错误的是（   ）。

A. 在电子商务系统框架结构中传输层又称为信息发布平台

B. 在电子商务系统框架结构中网络层的相应设备有电子商务服务器、数据库服务器、账户服务器、协作服务器

C. 网上银行是属于电子商务系统框架结构中的应用层

D. 在电子商务系统框架结构中服务层又称为电子商务平台

546. 网络广告的费用一般不受（　　）的影响。
　　A. 网络广告的幅面大小与位置　　　B. 网络广告提供商的知名度
　　C. 网页浏览次数和网页浏览率的影响　D. 万人广告成本

547. 电子邮件营销根据企业的营销计划，可分为（　　）。
　　A. 经营型 Email 营销和非经营型 Email 营销
　　B. 顾客关系 Email 营销和顾客服务 Email 营销
　　C. 临时性 Email 营销和长期性 Email 营销
　　D. 内部 Email 营销和外部 Email 营销

548. 电子支票需经过数字签名，被支付人数字签名（　　）。
　　A. 鉴定　　　　B. 再签　　　　C. 解密　　　　D. 背签

549. 搜索引擎优化就是针对（　　）设计网站，使网站在检索结果中排名靠前。
　　A. 竞争对手　　　　　　　　　B. 各种搜索引擎的检索特点
　　C. 搜索引擎的合作伙伴　　　　D. 企业信息

550. IPV6 地址具有（　　）位地址空间。
　　A. 128　　　　B. 512　　　　C. 152　　　　D. 64

二、多项选择题（下列每题有四个选项，正确答案不止一个选项，请将正确选项代号填写在括号中）

1. 常用的数据分析方法中判别分析根据判别函数的形式可以分为（　　）。
　　A. 非线性判别　　　　　　　B. Fisher 判别
　　C. 线性判别　　　　　　　　D. Bayes 判别

2. 网上间接调查渠道主要有（　　）。
　　A. WWW　　　B. BBS　　　C. 新闻组　　　D. 邮件列表

3. 下列选项中属于黑客在网上经常采用的手段是（　　）。
　　A. 寻找系统漏洞　　　　　　B. 截取口令
　　C. 偷取特权　　　　　　　　D. 更改 IP

4. 电子商务安全的内容包括（　　）。
　　A. 电子商务系统安全管理制度　B. 第三方交易平台安全
　　C. 物流系统安全　　　　　　　D. 计算机网络安全

5. 网络系统的日常维护制度包括（　　）。
　　A. 硬件的日常管理和维护　　　B. 数据备份制度
　　C. 软件的日常管理和维护　　　D. 病毒定期清理制度

6. 下列说法不正确的是（　　）。
　　A. 电子商务交易中卖方应承担按照网络交易规定方式支付价款的义务

B. 安全原则是电子商务立法中强制性规范立法的基础

C. 电子商务立法的作用主要体现在鼓励电子商务从业人员钻研业务、敬业爱岗

D. 当发生卖方不履行合同义务，如卖方不交付标的物或单据或交付迟延，交付的标的物不符合合同规定以及第三者对交付的标的物存在权利或权利主张等违约行为时，买方可以选择的救济方法有要求卖方实际履行合同义务，交付替代物或对标的物进行修理、补救

7. 在电子商务交易中使用非对称加密方法的优点在于（　　）。

　　A. 有效地解决了对称加密技术中密钥的安全交换和管理问题

　　B. 不需要采用特别的加密算法

　　C. 能方便地鉴别贸易双方的身份

　　D. 加密速度更快

8. 下列选项中属于外包装常用材料的是（　　）。

　　A. 编织袋　　　B. 包装盒　　　C. 报纸　　　D. OPP 自封袋

9. 下列关于博客营销的说法正确的是（　　）。

　　A. 具有搜索引擎可见性

　　B. 与博客营销的信息发布方式相比，论坛文章显得更正式，可信度更高

　　C. 博客与企业网站相比，文章的内容题材和发布方式更为灵活

　　D. 与门户网站发布广告和新闻相比，博客传播具有更大的自主性

10. 网络安全管理的技术手段包括（　　）。

　　A. 防火墙　　　B. 病毒防治　　　C. 人员管理　　　D. 信息保密

11. 国内常见的快递公司是（　　）。

　　A. ESM　　　B. 韵达快递　　　C. 中通快递　　　D. 申通快递

12. 关于网上市场调研方法的说法错误的是（　　）。

　　A. 网上直接调查渠道主要有 WWW、新闻组、BBS、邮件列表等几种，其中 WWW 是最主要的信息来源

　　B. 网上间接调查一般只适合于针对特定问题进行专项调查，其中网上问卷调查法是最常用的方法

　　C. 被动调查法以 Email 方式为代表

　　D. 主动调查法，即调查者主动组织调查样本，完成统计调查的方法

13. 关于网上推广手段，下列说法正确的是（　　）。

　　A. 与其他网站建立友情链接，应选择具有竞争性的站点交换链接

　　B. 利用电子邮件来宣传站点时，首要任务是收集电子邮件

　　C. 在网站上提供免费服务应当注意，所提供的免费服务应是与所销售的产品密切相关的

　　D. 如果想提高知名度，最好选择知名度较高的网站投放广告

14. 下列说法正确的是（　　）。

　　A. 电子商务安全问题涉及两个方面，一个是交易安全，另一个是信息和网络安全

B. 电子商务立法旨在为电子商务提供一个透明的、稳定的、有效的行为规则，使在线经营者有一个稳定和安全的预期；提供一个和谐统一的法律环境，维护交易安全，保护公平竞争，保护消费者权益，保护知识产权，保护个人隐私

C. 目前，电子商务涉及的法律问题包括网上免税问题

D. 技术中立原则意味着电子商务立法必须考虑信息技术的高速发展趋势，为新技术的采纳留有余地，或不应排斥对新技术的采纳，以适应电子技术和电子商务模式的新发展

15. 数字证书中包含的内容有（　　）。
    A. 证书拥有者的公开密钥　　　　B. 颁发数字证书的单位
    C. 公开密钥的有效期　　　　　　D. 颁发数字证书的单位的数字签名

16. 下列选项中属于内包装常用材料是（　　）。
    A. 包装箱　　　　　　　　　　　B. 珍珠棉、海绵
    C. 热收缩膜　　　　　　　　　　D. PE 自封袋

17. 下列选项中是常见的有效的论坛营销方法的是（　　）。
    A. 冷帖热炒　　　　　　　　　　B. 话题营销
    C. 论坛签名营销　　　　　　　　D. 经常在论坛上发布广告帖

18. 目前中国国内的第三方支付产品以及所属公司对照正确的有（　　）。
    A. 网易宝（eBay 旗下）　　　　　B. 百付宝（百度旗下）
    C. 支付宝（阿里巴巴旗下）　　　D. PayPal（网易旗下）

19. 下面说法正确的是（　　）。
    A. 对称加密技术存在的主要问题是密钥安全交换和管理问题
    B. 非对称加密算法复杂，加密数据的速度让人难以忍受
    C. 非对称加密中，一个私人密钥可以有第二个公钥与之对应
    D. DES 算法是非对称加密中的主要算法

20. SSL 安全协议主要提供的服务有（　　）。
    A. 维护数据的完整性
    B. 提供用户和服务器的身份认证
    C. 保证数据的保密性
    D. 保证电子商务参与者信息的相互隔离

21. 域名 cn.Yahoo.com 中，下述说法不正确的是（　　）。
    A. cn.Yahoo 是一级域名　　　　　B. Yahoo 是二级域名
    C. cn 是一级域名　　　　　　　　D. com 是三级域名

22. 下列说法正确的是（　　）。
    A. 我国电子商务立法应采纳技术中立原则，技术中立原则意味着排斥对新技术的采纳
    B. 电子商务交易中卖方的义务包括按照合同的规定提交标的物及单据
    C. 电子商务涉及的法律问题包括网上电子支付问题

D. 我国《合同法》第 11 条明确了数据电文不能作为书面合同形式

23. 下列选项中属于按照物流系统性质分类的是（　　）。
   A. 企业物流　　　　　　　　　B. 供应物流
   C. 行业物流　　　　　　　　　D. 第三方物流

24. 常用数据分析方法中判别分析根据判别时处理变量的方法不同可以分为（　　）。
   A. 线性判别　　　　　　　　　B. 距离判别
   C. 序贯判别　　　　　　　　　D. 逐步判别

25. 下列说法正确的是（　　）。
   A. 2004 年 8 月 28 日，第十届全国人民代表大会常委会第十一次会议表决通过《中华人民共和国电子签名法》，并于 2005 年 4 月 1 日起正式实施，该法是我国第一部真正意义上的电子商务法
   B. 电子商务交易中卖方有对标的物验收的义务
   C. 电子商务立法的作用之一体现在鼓励利用现代信息技术促进交易活动
   D. 电子商务交易中买方有对标的物的权利承担担保的义务

26. 在选择快递公司时，应综合考虑的问题有（　　）。
   A. 信誉　　　　B. 管理团队　　　　C. 资金　　　　D. 价格

27. 当环境色温为 3 200 K 时，摄像机色温滤光片放置在（　　），景色可以得到正确的色彩还原；当环境色温为 5 600 K 时，摄像机色温滤光片放置在（　　），景物可以得到正确的色彩还原。
   A. 3 200 K　　　B. 3 000 K　　　C. 6 400 K　　　D. 5 600 K

28. 电子商务安全运作基本原则包括（　　）。
   A. 任期有限原则　　　　　　　B. 协同一致原则
   C. 最小权限原则　　　　　　　D. 三人负责原则

29. 下列关于论坛营销中的"长帖短发"的方法，不正确的是（　　）。
   A. "长帖短发"的方法是把一帖分成多帖，以跟帖的形式发，就像电视剧一样，分多次帖
   B. "长帖短发"的方法就是尽量精简帖子的篇幅，使浏览者能够坚持把它看完，从而达到通过论坛进行营销的目的
   C. "长帖短发"的方法是使用多个"马甲"角色慢慢引导，逐渐说明，最终引导到这个商品或服务很好
   D. "长帖短发"的目的就是要尽量吸引用户的眼球，使用户坚持把帖子内容看下去

30. 在问卷设计中应注意的问题有（　　）。
   A. 提问的意思和范围必须明确
   B. 以过滤性的提问方法来展开问题
   C. 问题设计应力求详细，问题越多越有效
   D. 问题应是能在记忆范围内回答的

31. 博客营销与其他营销方式相比优势在于（　　）。
    A. 互动传播性弱，但信任程度高，口碑效应好
    B. 有利于长远利益和培育忠实用户
    C. 细分程度高，定向准确
    D. 影响力大，引导网络舆论潮流

32. 下列说法正确的是（　　）。
    A. 安全原则是电子商务立法中强制性规范立法的基础
    B. 我国电子商务立法应采纳技术中立原则，技术中立原则意味着排斥对新技术的采纳
    C. 电子商务立法的作用之一体现在鼓励电子商务从业人员钻研业务、敬业爱岗
    D. 我国电子商务立法应采纳与国际电子商务规范接轨原则

33. 下面有关安全协议的说法正确的是（　　）。
    A. 发卡银行是 SET 协议中的其中一个角色
    B. SET 协议保证电子商务参与者信息的相互隔离
    C. SSL 协议有利于客户而不利于商家
    D. SSL 协议保证了数据的保密性

34. 下列选项中属于中层包装常用材料的是（　　）。
    A. 热收缩膜　　　B. 珍珠棉、海绵　　C. 包装盒　　　D. 气泡膜

35. 下面有关数字签名的说法正确的是（　　）。
    A. 数字签名可以保障发送的信息不被泄露
    B. 数字签名验证时是用 2 个数字摘要进行比较
    C. 数字签名要使用接收方的公钥
    D. 数字签名可以确认信息发送者的身份

36. 电子商务系统安全管理制度包括（　　）。
    A. 跟踪审计制度　　　　　　　　B. 项目审批制度
    C. 人员管理制度　　　　　　　　D. 财务监督制度

37. 电子商务安全内容包括（　　）。
    A. 计算机网络安全　　　　　　　B. 商务交易安全
    C. 平台交易安全　　　　　　　　D. 电子商务系统安全管理制度

38. 网络市场调研操作步骤可以概括为（　　）。
    A. 根据调研计划组织实施网上市场调查
    B. 根据企业经营目标制订网络调研计划
    C. 处理分析网上调查资料
    D. 撰写网络调研报告

39. 在线调查表设计中应注意的问题包括（　　）。
    A. 提问的意思和范围必须明确
    B. 问题设计应力求简明扼要
    C. 必要时设计诱导式问题供人们回答

D. 避免引起人们反感或很偏的问题

40. 具有自动曝光功能的相机，在下列情况下，就要考虑进行曝光补偿的是（   ）。
    A. 倒易率失效   B. 光线特别弱的条件下拍摄动体
    C. 逆光摄影   D. 拍摄主体本身反射率过高或过低

41. 从网络安全威胁的承受对象看，网络安全威胁的来源包括（   ）。
    A. 对数据库的安全威胁   B. 对邮件系统的安全威胁
    C. 对 WWW 服务器的安全威胁   D. 对客户机的安全威胁

42. 下述有关论坛营销的说法正确的是（   ）。
    A. 采用论坛营销推广企业或产品的费用十分低廉，适合资金不足的中小企业开展营销宣传
    B. 论坛营销不仅在于推广公司的产品与服务，更在于了解客户心理与需求，使客户成为长期稳定的忠实客户
    C. 论坛营销的实用性很强，其核心价值就是直观
    D. 网络论坛具有一定的隐蔽性，不太利于开展营销

43. 虽然电子支票的广泛普及还需要一个过程，但是使用电子支票支付的优势明显，表现为（   ）。
    A. 电子支票需要手写签名
    B. 电子支票与传统支票工作方式相同，易于理解和接受
    C. 电子支票比纸质支票有着更强大的功能
    D. 用电子支票支付，事务处理费用较低

44. 下列属于网络市场调研主要内容的是（   ）。
    A. 网页被访问率研究   B. 宏观环境研究
    C. 竞争对手研究   D. 市场需求研究

45. 下列说法正确的是（   ）。
    A. 电子商务立法的作用主要体现在为电子商务的健康、快速发展创造了一个良好的法律环境
    B. 卖方不履行合同义务主要指卖方不交付标的物或单据或交付迟延，交付的标的物不符合合同规定以及第三者对交付的标的物存在权利或权利主张等
    C. 目前，电子商务涉及的法律问题包括电子商务交易主体及市场准入问题
    D. 我国电子商务立法应采纳技术开放原则

46. 网上商店采用的送货方式主要有（   ）。
    A. 邮寄   B. 送货上门   C. 直销   D. 门店取货

47. 网络市场调研的特点有（   ）。
    A. 及时性和共享性   B. 便捷性和低费用
    C. 可检验性和可控制性   D. 交互性和充分性

48. 下列说法正确的是（   ）。
    A. 电子商务交易中卖方的义务包括对标的物的质量承担担保义务
    B. 目前，电子商务涉及的法律问题包括在线不正当竞争与网上无形财产保护问题

C. 电子商务交易中卖方的义务主要包括承担按照网络交易规定方式支付价款的义务
D. 电子商务交易中买卖双方之间的法律关系实质上表现为双方当事人的权利和义务，买卖双方的权利和义务不是对等的

49. 下列说法正确的是（　　）。
    A. 电子商务的交易过程同传统商业很相似，先后都要经历五个阶段。但是两者所采用的技术手段、所运用的管理模式有很大的差异，最终的效果则显然不同
    B. 在电子商务一般的交易过程中，办理信用卡申请、账号及密码交验、支付能力查证、支付信誉查证、付款通知、转账通知等的手续。这些行为属于洽谈和签订合同阶段
    C. 电子商务交易的五个阶段都充分体现对信息流、资金流和物流的科学管理
    D. 在电子商务一般的交易过程中，买方通过互联网和其他电子商务网络（各种增值网），寻找所需的商品和商家，发出询价和查询信息，收集相关信息，进行市场调查和分析，制订和修改购货、进货计划，比较选择，做出购买决策，审批计划，筹划货款等。这些行为属于交易前准备阶段

50. 博客营销的特点有（　　）。
    A. 自主性　　　B. 灵活性　　　C. 传播性　　　D. 可信性

51. 下列说法正确的是（　　）。
    A. 电子支付是利用信用卡与因特网相结合的产物
    B. 电子支付的工作环境是基于一个开放的系统平台，即 Internet
    C. 电子支付使用的是最先进的通信手段（如 Internet、Extranet），对软件、硬件设施的要求很低
    D. 电子支付是采用先进的技术通过数字流转来完成信息传输的，其各种支付方式都是采用数字化的方式进行款项支付的

52. 关于网上商店，下列说法正确的是（　　）。
    A. 相比第三方平台，企业自建网上商店可以拥有一个属于企业而又面向广大网络消费者的信息载体，而且建设费用低廉
    B. 第三方电子商务平台主要分为 B2B 电子商务平台和 B2C 电子商务平台两类
    C. 网上商店不需要专人时时看守，节省了人力方面的投资
    D. 网店营业时间比较灵活，只要能对浏览者的咨询及时给予回复就可以不影响经营

53. 邮件列表的常见形式有（　　）。
    A. 新闻邮件　　　　　　　　　　B. 电子刊物
    C. 不定期用户通知　　　　　　　D. 会员通信

54. 关于建立邮件列表的说法正确的是（　　）。
    A. 邮件列表的建立通常要与网站的其他功能分开，由一个人或一个部门独立完成，杜绝其他干扰

B. 一个高质量的邮件列表是企业增强竞争优势的重要手段之一

C. 邮件列表必须是用户自愿加入的，要能够长期保持用户的稳定增加，邮件列表的内容必须对用户有价值，邮件内容也需要专业的制作

D. 邮件列表的用户数量需要较长时期的积累，为了获得更多的用户，还需要对邮件列表本身进行必要的推广，需要投入相当的营销资源

55. 支付网关的主要作用是（　　）。
    A. 保护增值网数据传输与存储的安全
    B. 进行数据加密、解密，以保护银行内部网络的安全
    C. 完成银行专用网络与 Internet 之间的通信、协议转换
    D. 保障整个电子支付过程的安全

56. 电子支付可能引起的法律问题包括（　　）。
    A. 当事人在支付活动中的地位
    B. 资金转移的法律关系
    C. 电子支付的伪造、变造、更改与涂销问题
    D. 刑事侦查技术的发展问题

57. 包装按形态不同可分为（　　）。
    A. 外包装　　　B. 中层包装　　　C. 核心包装　　　D. 内包装

58. 电子商务在签订电子合同以后到合同履行之前，必须完成一系列必要的手续。下列行为属于办理合同履行前手续阶段的是（　　）。
    A. 付款通知　　　　　　　　　　B. 支付能力查证
    C. 账号及密码校验　　　　　　　D. 信用卡申请

59. 下列商品适合网上销售的是（　　）。
    A. 武器弹药　　　B. 盗版 CD　　　C. 数码产品　　　D. 首饰

60. 常见和有效的论坛营销方法有（　　）。
    A. 经验分享类帖子给论坛带来人气
    B. 把帖尽量缩短
    C. 论坛签名营销
    D. 在论坛上坚持使用同一角色，逐渐引导说明某个商品，服务很好

61. 下列说法正确的是（　　）。
    A. 目前，电子商务涉及的法律问题包括电子合同问题
    B. 我国电子商务立法应采纳技术中立原则
    C. 电子商务交易中买卖双方之间的法律关系实质上表现为双方当事人的权利和义务，买卖双方的权利和义务不是对等的
    D. 作为一种商业活动，电子商务是应当纳税的，但从促进电子商务发展的角度看，在一定时期内实行免税是很有必要的

62. 下列说法正确的是（　　）。
    A. SET 是为了在互联网上进行在线交易时保证信用卡支付的安全而设立的一个开放的规范

B. SSL 协议中，客户的信息首先传到商家，商家阅读后再传至银行
C. SSL 协议提供用户和服务器的身份认证
D. SET 协议保证电子商务参与者信息的相互隔离

63. 下列说法正确的是（   ）。
    A. 博客可以作为企业网站内容的一种有效补充，使之更适合用户阅读和接受
    B. 博客营销是一种基于个人知识资源的网络信息传递形式
    C. 与门户网站发布广告和新闻相比，博客传播具有的自主性较少
    D. 博客营销有利于长远利益和培育忠实用户

64. 网上银行常用安全手段包括（   ）。
    A. 使用模拟证书方式   B. 使用 Active 控件输入密码方式
    C. 使用软键盘输入密码方式   D. 使用动态密码方式

65. 网上贸易为确保买卖双方的利益，最好能签署买卖合同，规定一些双方认可的条款，主要内容有（   ）。
    A. 当事人的名称或姓名和住所
    B. 解决争议的方法
    C. 规定包装方式、检验标准和方法
    D. 产品的质量要求

66. 网上银行可以采用数字证书的方式提高安全性，数字证书根据存放位置不同，可以分为（   ）。
    A. 本地下载使用   B. 手机短信验证
    C. 口令卡   D. USB key

67. 下列说法正确的有（   ）。
    A. 在商场用手机购物属于定向支付
    B. 根据支付金额的大小，可以将移动支付分为小额支付和大额支付
    C. 通过手机在自动售货机上购买饮料是现场支付
    D. 通过手机购买铃声就是远程支付

68. 下列描述不正确的是（   ）。
    A. 广义地讲，网上支付是以互联网为基础，利用银行所支持的某种数字金融工具，发生在购买者和销售者之间的金融交换，实现从买者到金融机构、商家之间的在线货币支付、现金流转、资金清算、查询统计等过程
    B. 网上支付使用的是最安全的通信手段
    C. 作为电子商务核心的支付环节正在加速电子化
    D. 受电子支付安全问题的影响，在电子商务交易中，采用网上支付方式完成在线交易的越来越少了

69. 国内常见的快递公司有（   ）。
    A. 顺丰快递   B. ESM   C. TVB   D. 申通快递

70. 安全交易协议包括（   ）。
    A. SET   B. RSA   C. SSL   D. TCP

三、判断题（将判断结果填入括号中。正确的填"√"，错误的填"×"）
1. 对外服务的 WWW 服务器可以放在防火墙内部。（   ）
2. 防火墙不能防范来自网络内部的攻击。（   ）
3. 网上银行提供的服务可分为三大类，但各家网上银行提供的具体服务功能不同。（   ）
4. 当搜索引擎的搜索方式和服务模式改变时，搜索引擎营销具体方式不需要做改变。（   ）
5. 在电子商务下，大多数商品和服务可以通过网络传输的方式进行配送。（   ）
6. 物流系统由物流操作系统和物流管理系统两个子系统组成。（   ）
7. 按照物流系统的性质，可分为地区物流、国内物流和国际物流。（   ）
8. 对联广告与分辨率无关，永远保持在页面两侧，一般不可以关闭。（   ）
9. 主光是所有光线中占主导地位的光线，是塑造拍摄主体的主要光线，一般将主光置于拍摄物底部有较好效果。（   ）
10. 注册和取消注册邮件列表只要发送一封电子邮件即可，发送时在信体中写"subscribe list name"，可以注册邮件列表。（   ）
11. 目前互联网上仅仅只有文字聊天室和语音聊天室两种。（   ）
12. 论坛营销的互动性很强，它的核心价值是互动。（   ）
13. 邮件列表基本形式有会员型和非会员型。（   ）
14. 一个高质量的邮件列表是企业增强竞争优势的重要手段之一。（   ）
15. 要设置安全的密码应该使用简单、有规律的字母或数字。（   ）
16. SSL 协议是为了在互联网上进行在线交易时保证信用卡支付的安全而设立的一个开放的规范。（   ）
17. 在拍摄大面积黑色的时候，相机会认为环境过暗，自动补充曝光强度，因此需要用手动曝光补偿功能向正数补偿，还原深色物品的原本颜色和亮度。（   ）
18. 电子商务需要的不是普通的运输和仓储服务，而是具有增值性的物流服务。（   ）
19. 所谓关键字，就是用户所关注信息中的核心词。（   ）
20. 拍摄大件商品的时候，需要选择小光圈拍摄，以达到清晰的效果。（   ）
21. 关键字广告具有较低的定位，其效果不及一般网络广告形式，只不过价格比较低廉。（   ）
22. 在互联网发展的早期，搜索引擎多数是以目录索引方式表现的。（   ）
23. 新闻组是一个大家使用电子邮件进行讨论的方式。（   ）
24. 印象是指网络广告被点击一次为一次印象。（   ）
25. 红色物流属于新型物流。（   ）
26. 防火墙允许内部网的一部分主机被外部网访问。（   ）
27. 拍摄食品时，为了使食品更好看，可以在食品表面均匀地刷上一层色拉油。（   ）
28. 使用网上银行的服务需要特别的软件，还需要专门的培训，没有简单易用

的优势。( )
29. 迄今为止，即时通信都无法建立起一个统一的标准。( )
30. 在互联网发展的早期，搜索引擎多数是以目录索引方式表现的，将网站手工或使用软件登录到主要的搜索引擎就是搜索引擎营销的主要方法。( )
31. 通过手机购买铃声就是远程支付，而通过手机在自动售货机上购买饮料则是现场支付。( )
32. 注册和取消注册邮件列表只要发送一封电子邮件即可，发送时在信体中写"unsubscribe list name"，可以取消邮件列表。( )
33. 博客营销是一种基于个人知识资源的网络信息传递形式。( )
34. 数字信封是结合对称加密方法和非对称加密方法实现信息保密传送的技术。( )
35. 支付宝提供实时到账的支付方式，这种支付方式与银行直接汇款完全一样。( )
36. 我国电子商务立法应采纳技术中立原则，技术中立原则意味着排斥对新技术的采纳。( )
37. 由于生成电子支票的方式不同，电子支票和纸质支票的功能稍有不同。( )
38. 不附带任何商业广告是电子邮件营销的基本因素之一。( )
39. 电子钱包是电子商务活动中顾客购物使用的一种支付工具，是小额购物或购买小商品时使用的新式钱包。网上购物使用电子钱包，需要在电子钱包服务系统中进行。( )
40. 防火墙可以为监视互联网安全提供方便。( )
41. 搜索引擎可见性不是博客营销的特点。( )
42. 网络广告的价格一般差别不大。( )
43. 蠕虫病毒的传染目标是互联网内的计算机。( )
44. 关键字广告是指搜索引擎中按关键字搜索广告。( )
45. 有许多商品具有粗糙的表面结构，如皮毛、棉麻制品、雕刻等，为了表现好它们的质感，在光线的使用上应采用底光照明。( )
46. 内容收费是邮件列表的特点之一。( )
47. 论坛营销中"长帖短发"的方法没办法增加帖子的人气。( )
48. 电子合同只能采用电子邮件方式签订。( )
49. 电子商务立法的作用之一体现在鼓励电子商务从业人员钻研业务、敬业爱岗。( )
50. 印象是指网络广告显示一次为一次印象。( )
51. 第四方物流不仅控制和管理特定的物流服务，而且对整个物流过程提出策划方案，并通过电子商务将这个过程集成起来。( )
52. 数字签名可以保障信息保密传送。( )
53. 选择广告服务提供商不需要考虑服务商的组织背景。( )
54. 本地管理是指管理员通过以太网或防火墙提供的广域网接口对防火墙进行管理。( )

55. 电子商务将物流业提升到前所未有高度。（   ）
56. 开展博客营销是通过对技术的传播达到营销信息传递的目的。（   ）
57. 非对称加密的密钥对中，其中任何一个密钥对信息进行加密后，都可以用另一个密钥对其进行解密。（   ）
58. 由于拍摄空间小，拍摄距离近，使用闪光灯时很容易产生很重的阴影，而且还可能使被拍摄物泛白，我们可以用白纱布、丝袜或纸巾等遮挡闪光灯。（   ）
59. 网络广告可使用 Java 等语言使其产生交互性，用 Shockwave 等插件工具增强表现力。（   ）
60. 通常由邮件列表的管理者向列表中的所有成员发送信息。这种邮件列表称为公告型邮件列表。（   ）
61. 搜索引擎营销就是利用 Google、百度、雅虎等搜索引擎进行营销工作，通过搜索引擎提高网站流量，提高网站知名度。（   ）
62. 数字证书包含颁发数字证书单位的数字签名。（   ）
63. 博客营销细分程度高，但定向有偏差。（   ）
64. 拍摄金银饰品时，要使用强烈直射光光线进行照明。（   ）
65. 网络广告的特点是对象确切、互动性强、制作简单、成本低廉、易于调整。（   ）
66. 邮件列表的常见形式有会员通信、电子刊物、新闻邮件、新产品通知/促销/优惠信息、不定期用户通知。（   ）
67. 在电子商务下，物流的运作是以信息为中心的。（   ）
68. 防火墙能对未知的网络威胁起作用。（   ）
69. 移动支付将手机变成了"手机卡+信用卡"，虽然使用环境多变和使用频繁，但丢失、泄密的概率大大减少。（   ）
70. 邮件列表有两种基本形式，其中电子杂志、新闻邮件等属于讨论型邮件列表。（   ）
71. 防火墙只能对现在已知的网络威胁起作用。（   ）
72. 电子物流属于新型物流。（   ）
73. 防火墙能够防范来自网络内部和外部的攻击。（   ）
74. 在对称加密体制中，密钥被分解为一对，一个是公开密钥，一个是私用密钥。（   ）
75. 新闻组和 BBS 一样都是使用 Web 交流。（   ）
76. 搜索引擎优化就是提高搜索引擎的检索速度。（   ）
77. 第三方支付是具备一定实力和信誉保障的独立机构，采用与各大银行签约的方式，提供与银行支付结算系统接口的交易支持平台的网络支付模式。（   ）
78. 防火墙是一种被动式的防护手段。（   ）
79. 论坛营销方法中的"长帖短发"就是指把帖尽量缩短，用于吸引用户的眼球，使用户坚持把帖子内容看下去。（   ）
80. 计算机病毒是隐藏在计算机系统中的加密文件。（   ）

81. 选择广告服务提供商一般不需要考虑服务商的企业性质。（   ）
82. 企业的网上报关属于 G2C 范畴。（   ）
83. 有时候，可能周围干扰的因素比较多，既有阳光，又有黄光，还有蓝光，这个时候我们就要使用手动白平衡模式。（   ）
84. 对称加密技术存在的主要问题是密钥安全交换和管理问题。（   ）
85. 网络广告的特点是对象确切、互动性强、制作简单，成本低廉但是难以调整。（   ）
86. 拍摄环境比较昏暗，需要增加亮度，而闪光灯无法起作用时，可调整白平衡。（   ）
87. 要设置安全的密码应该避免使用重复的密码。（   ）
88. 博客营销具有搜索引擎可见性是因为博客的基本结构本身就有较高的搜索引擎优化的排名效果。（   ）
89. 轮廓光一般置于物体正面。（   ）
90. 国有商业银行、股份制商业银行和第三方支付公司都可以根据业务发展的需求申请设置支付网关。（   ）
91. 数字证书包含证书拥有者的公开密钥。（   ）
92. 搜索引擎营销的实质就是通过搜索引擎，向用户传递他所关注对象的营销信息。（   ）
93. 电子邮件营销按照 Email 营销的应用方式分为经营型和非经营型。（   ）
94. 邮件列表的建立通常要与网站的其他功能相结合，并不是一个人或者一个部门可以独立完成的工作。（   ）
95. 网络广告针对性强，往往有目的地将信息送到细分的目标市场，受众对象确切。（   ）

第二部分 理论知识考试试题

试题答案

一、单项选择题

1	2	3	4	5	6	7	8	9	10
C	A	D	B	A	B	A	C	C	B
11	12	13	14	15	16	17	18	19	20
B	D	D	B	B	B	D	B	D	D
21	22	23	24	25	26	27	28	29	30
C	A	B	B	A	B	D	C	D	A
31	32	33	34	35	36	37	38	39	40
B	B	A	D	C	D	B	D	D	A
41	42	43	44	45	46	47	48	49	50
D	C	B	D	B	B	A	D	C	C
51	52	53	54	55	56	57	58	59	60
B	C	B	C	D	A	C	D	B	D
61	62	63	64	65	66	67	68	69	70
B	D	B	C	D	B	D	A	A	C
71	72	73	74	75	76	77	78	79	80
C	C	D	C	C	D	D	D	A	B
81	82	83	84	85	86	87	88	89	90
A	D	B	B	A	B	D	C	A	D
91	92	93	94	95	96	97	98	99	100
D	C	D	A	B	D	A	A	B	C
101	102	103	104	105	106	107	108	109	110
C	A	D	B	D	B	C	C	C	B
111	112	113	114	115	116	117	118	119	120
C	C	C	D	C	B	A	B	A	C
121	122	123	124	125	126	127	128	129	130
C	A	D	D	C	B	D	B	C	D
131	132	133	134	135	136	137	138	139	140
C	A	D	C	C	B	A	A	A	D

续表

141	142	143	144	145	146	147	148	149	150
B	A	C	A	C	B	B	A	C	A
151	152	153	154	155	156	157	158	159	160
B	C	D	B	B	C	B	C	D	A
161	162	163	164	165	166	167	168	169	170
A	A	C	B	B	A	D	C	B	D
171	172	173	174	175	176	177	178	179	180
B	C	D	A	A	C	D	A	B	C
181	182	183	184	185	186	187	188	189	190
C	A	C	A	A	A	C	A	C	C
191	192	193	194	195	196	197	198	199	200
D	D	C	A	D	C	A	D	C	A
201	202	203	204	205	206	207	208	209	210
D	C	B	A	A	C	A	D	D	A
211	212	213	214	215	216	217	218	219	220
A	C	C	D	C	C	C	B	C	B
221	222	223	224	225	226	227	228	229	230
C	C	D	C	D	A	C	C	A	A
231	232	233	234	235	236	237	238	239	240
D	A	A	A	B	B	C	D	D	B
241	242	243	244	245	246	247	248	249	250
A	B	C	C	D	D	A	C	A	B
251	252	253	254	255	256	257	258	259	260
C	A	A	B	D	A	C	D	A	B
261	262	263	264	265	266	267	268	269	270
C	A	A	A	A	B	B	A	B	B
271	272	273	274	275	276	277	278	279	280
D	B	A	A	B	A	D	D	A	C
281	282	283	284	285	286	287	288	289	290
B	B	B	D	D	D	B	C	D	C
291	292	293	294	295	296	297	298	299	300
B	C	C	A	B	C	D	C	B	D
301	302	303	304	305	306	307	308	309	310
C	C	A	A	B	B	B	C	C	B
311	312	313	314	315	316	317	318	319	320
A	C	D	A	C	B	D	B	C	A

续表

321	322	323	324	325	326	327	328	329	330
B	B	C	B	C	D	A	D	D	D
331	332	333	334	335	336	337	338	339	340
D	A	C	C	C	C	B	B	C	D
341	342	343	344	345	346	347	348	349	350
C	C	A	D	B	C	B	B	A	D
351	352	353	354	355	356	357	358	359	360
C	D	D	C	C	C	D	C	A	C
361	362	363	364	365	366	367	368	369	370
B	B	A	C	D	A	C	D	B	D
371	372	373	374	375	376	377	378	379	380
B	D	B	B	B	C	A	B	A	A
381	382	383	384	385	386	387	388	389	390
A	C	A	C	B	A	D	D	A	B
391	392	393	394	395	396	397	398	399	400
C	D	A	A	B	B	A	C	C	B
401	402	403	404	405	406	407	408	409	410
B	D	B	D	B	A	D	D	D	B
411	412	413	414	415	416	417	418	419	420
B	A	D	D	C	C	A	A	C	A
421	422	423	424	425	426	427	428	429	430
A	B	A	A	D	C	B	A	D	A
431	432	433	434	435	436	437	438	439	440
A	C	D	A	A	D	D	D	C	A
441	442	443	444	445	446	447	448	449	450
D	B	D	D	C	A	C	B	A	D
451	452	453	454	455	456	457	458	459	460
C	C	C	D	B	A	A	C	A	B
461	462	463	464	465	466	467	468	469	470
A	C	D	B	D	B	B	D	C	D
471	472	473	474	475	476	477	478	479	480
D	C	B	D	D	C	D	C	B	C
481	482	483	484	485	486	487	488	489	490
B	D	B	C	D	A	B	C	B	C
491	492	493	494	495	496	497	498	499	500
C	B	B	C	D	D	C	A	B	D

续表

501	502	503	504	505	506	507	508	509	510
A	B	C	B	C	A	A	A	D	C
511	512	513	514	515	516	517	518	519	520
D	D	B	C	C	A	A	B	C	C
521	522	523	524	525	526	527	528	529	530
B	A	D	B	A	D	A	D	D	A
531	532	533	534	535	536	537	538	539	540
D	A	A	A	B	C	A	A	B	B
541	542	543	544	545	546	547	548	549	550
A	D	D	D	B	D	C	D	B	A

二、多项选择题

1	2	3	4	5	6	7	8	9	10
AC	ABCD	ABC	AD	ABC	AC	AC	AB	ACD	AB
11	12	13	14	15	16	17	18	19	20
BCD	ABC	BCD	ABD	ABCD	CD	BC	BC	AB	ABC
21	22	23	24	25	26	27	28	29	30
ACD	BC	ACD	CD	AC	AD	AD	AC	BC	ABD
31	32	33	34	35	36	37	38	39	40
BCD	AD	AB	BD	BD	AC	ABD	ABCD	ABD	ABCD
41	42	43	44	45	46	47	48	49	50
ACD	AB	BD	BCD	ABC	AB	ABCD	AB	ACD	ABCD
51	52	53	54	55	56	57	58	59	60
BD	CD	ABCD	BCD	BC	ABCD	ABD	ABCD	CD	AC
61	62	63	64	65	66	67	68	69	70
ABD	ABCD	ABD	BCD	ABCD	AD	BCD	BD	AD	AC

三、判断题

1	2	3	4	5	6	7	8	9	10
√	√	×	×	×	×	×	×	×	√
11	12	13	14	15	16	17	18	19	20
×	√	×	√	×	×	×	√	√	×
21	22	23	24	25	26	27	28	29	30
×	√	√	×	×	√	√	×	√	√

第二部分 理论知识考试试题

续表

31	32	33	34	35	36	37	38	39	40
√	√	√	√	√	×	×	×	√	√
41	42	43	44	45	46	47	48	49	50
×	×	√	×	×	×	×	×	×	√
51	52	53	54	55	56	57	58	59	60
√	×	×	×	√	×	√	√	√	√
61	62	63	64	65	66	67	68	69	70
√	√	×	×	√	√	√	×	×	×
71	72	73	74	75	76	77	78	79	80
√	√	×	√	×	×	√	√	×	×
81	82	83	84	85	86	87	88	89	90
√	×	√	√	×	×	√	√	×	×
91	92	93	94	95					
√	√	√	√	√					

理论知识考试模拟试卷（一）

一、单项选择题（下列每题有四个选项，其中只有一个是正确的，请将其代号填写在括号中。每题1分，共60题）

1. 抓拍孩子时，孩子在不停地动，所以拍摄的角度要不停地变换，这种情况下选择（　　）才能更好地拍摄出好照片。
　　A. 自动曝光模式　　B. 手动模式　　C. 快门优先模式　　D. 光圈优先模式
2. 电子支付按（　　）方式分为网上支付、电话支付、移动支付、销售点终端交易、自动柜员机交易和其他电子支付方式。
　　A. 提供服务　　B. 指令审批　　C. 支付流程　　D. 指令发起
3. 文明礼貌是从业人员的基本素质，下列关于文明礼貌具体要求的说法正确的是（　　）。
　　A. 语言规范的具体要求是语感自然、语气亲切、语调柔和、语速适中、语言简练
　　B. 在商业活动中，符合待人热情要求的是不卑不亢
　　C. 在商业活动中，符合举止得体要求的是表情严肃
　　D. 在职业交往活动中，符合仪表端庄具体要求的是饰品俏丽，化妆适当
4. 香港非常普及的"八达通卡"属于（　　）。
　　A. 基于WAP的支付系统　　B. 基于J2M移动支付系统
　　C. 基于SMS的支付系统　　D. 非接触式移动支付系统
5. 下列选项中属于远程支付的是（　　）。
　　A. 用手机缴水费　　B. 用手机在自动售货机上购买饮料
　　C. 通过手机刷机进入地铁站　　D. 通过手机在超市购买水果
6. 下列选项中不是网上市场调研特点的是（　　）。
　　A. 便捷性和低费用　　B. 可检验性和可控制性
　　C. 及时性和共享性　　D. 统一性和唯一性
7. 下列说法正确的是（　　）。
　　A. 在电子商务一般的交易过程中，买方通过互联网和其他电子商务网络（各种增值网），寻找所需的商品和商家，发出询价和查询信息，收集相关信息，进行市场调查和分析，制订和修改购货、进货计划，比较选择，做出购买决策，审批计划，筹划货款等。这些行为属于办理合同履行前手续阶段
　　B. 在电子商务一般的交易过程中，卖方为本企业的商品做好市场调查和分析，制定销售策略和方式，不断利用互联网发布广告，诱发客户需求，给出报价和优惠消息，寻找贸易伙伴和商机，想方设法扩大市场份额等。这些行为属于交易前准备阶段

C. 在电子商务一般的交易过程中，商品交由物流配送公司负责完成配货、包装、启动、转运、送货等。这些行为属于交易后处理阶段

D. 电子商务的交易全部都在网络上进行，因而能够实现高效率、低成本的目标

8. 关于 HTML，下列说法正确的是（　　）。

　　A. HTML 文档执行时要进行编译

　　B. HTML 文档实际上是一个文本文件

　　C. 把 HTML 文档从 Unix 系统复制到 Windows 2003 系统上使用需要改为 Windows 系统的标签

　　D. HTML 语言可以编写执行程序

9. 下列选项中属于第三方物流主要运行模块的是（　　）。

　　A. 信息控制模块　　　　　　　　B. 加工中心模块

　　C. 客户服务模块　　　　　　　　D. 装配模块

10. 职业道德是指从事一定职业的人们，在特定的工作和劳动中以其内心信念和特殊社会手段来维系的，以善恶进行评价的心理意识和（　　）的总和。

　　A. 劳动技能　　B. 思维习惯　　C. 操作程序　　D. 行为准则

11. 在淘宝装修中，增加宝贝推荐方式设置中宝贝推荐包括手工推荐和（　　）。

　　A. 指定推荐　　B. 自动推荐　　C. 分类推荐　　D. 人气推荐

12. 下列说法错误的是（　　）。

　　A. 电子商务实现商务的国际化、信息化和无纸化，缩减交易程序，提高办事效率

　　B. 电子商务较之传统商业具有覆盖面广、拥有全球市场的特点

　　C. 企业的网上报关属于 G2C 范畴

　　D. 企业对企业的电子商务是电子商务的主流，大宗的交易多属于这一类型

13. 下列选项不是 SET 安全协议中的角色的是（　　）。

　　A. 认证中心　　　　　　　　　　B. 支付网关

　　C. 消费者　　　　　　　　　　　D. 第三方交易平台

14. 下列选项属于物流基本要素的是（　　）。

　　A. 采购　　　　B. 控制　　　　C. 生产　　　　D. 包装

15. 下列有关 EMS 的说法错误的是（　　）。

　　A. 500 克以上邮件续重资费实行分区计费

　　B. 500 克以内国内统一资费

　　C. EMS 是中国邮政提供的一种快递服务

　　D. EMS 只提供国内特快专递服务

16. 下列关于域名注册的说法，不正确的是（　　）。

　　A. 根据《中国互联网络域名注册暂行管理办法》规定，注册时发生相同域名申请时，由 CNNIC 仲裁决定域名归属

　　B. 在国内已注册的域名可以变更或撤销，但不能买卖和转让

　　C. 一个企业对域名从注册到使用的过程拥有的法律权利，是受到法律保护的知

识产权

D. 两个企业即使在不同类行业或产品之间也不能使用相同的域名

17. IP 协议作用于（   ）。
   A. 传输层　　　　　B. 网络层　　　　　C. 数据链路层　　　　D. 应用层

18. 从产业链上看，移动支付的主要参与者包括消费者、（   ）、银行、移动运营商和商户。
   A. 网络服务商　　　B. 平台服务商　　　C. 平台提供商　　　D. 内容提供商

19. 商家对商品的有效描述不符合商品实际或者言过其实，这类行为都是（   ）的行为。
   A. 违反淘宝商城商家店铺规范
   B. 侵犯其他商家权益
   C. 违反淘宝商城产品如实描述服务规则
   D. 违反淘宝商城正品保障服务规则

20. 下列有关网上商店商品包装的说法错误的是（   ）。
   A. 首饰类产品一定要用报纸或泡沫塑料等填充物填充，以便让首饰盒或首饰袋在纸盒里不晃动
   B. 液体类产品要用报纸包好放入纸箱
   C. 易变形、易碎的产品包装时要多用些报纸、泡沫塑料或者泡绵、泡沫网等
   D. 衣服、皮包、鞋子类产品在包装时可以用不同种类的纸张（牛皮纸、白纸等）单独包好

21. 在网络调研过程中，被调研者可以及时就问卷相关问题提出自己的看法和建议，可减少由于问卷设计的不合理而导致的调研结论偏差等问题，同时，被调研者还可以自由地发表自己的其他看法。这体现了网络调研的（   ）特点。
   A. 可检验性和可控制性　　　　　B. 交互性和充分性
   C. 便捷性和低费用　　　　　　　D. 及时性和共享性

22. （   ）在页面左右两侧随浏览者滚动页面而滚动，追踪效果更好，它与分辨率无关，永远保持在页面两侧，可关闭功能。
   A. 分类广告　　　　B. 对联广告　　　　C. 焦点广告　　　　D. 竖边广告

23. 应用旗帜广告时，下列说法正确的是（   ）。
   A. 首选网页浏览次数最多的网站投放广告
   B. 网站首页的广告效果一定比其他页面好
   C. 在浏览量最大的站点投放广告未必能产生最好的效益
   D. 广告的容量越大、内容越多越好

24. 在电子商务服务系统中有（   ），顾客通过查询它来了解自己购买了什么物品，购买了多少，也可以把查询结果打印出来。
   A. 电子计数器　　　　　　　　　B. 电子交易更新系统
   C. 电子交易记录器　　　　　　　D. 电子更新系统

25. 关于网络营销理论，下列说法不正确的是（   ）。

A. 网络营销区别于传统营销的根本之处在于，网络本身的特性和消费者需求个性的回归。这导致传统营销理论不能完全胜任对网络营销的指导

B. 在差异营销理论指导下，一方面顾客的个性化需求可得到越来越好的满足，从而建立起对企业产品的忠诚意识；另一方面，由于这种满足针对差异性很强的个性化需求，使其他企业的进入成本很高，形成了企业与顾客之间非常牢固的关系

C. 直复营销理论认为，网络的出现为企业和顾客提供了直接交互式营销网络渠道，企业和顾客可以直接在网上展开交互式营销活动，顾客可通过网络直接向企业下订单付款，顾客对企业的营销努力有一个明确的回复，企业可以统计到这种明确回复的数据，由此对营销活动的成效做出评价，从而使营销具有可测试性、可度量性和及时改进性等特点

D. 软营销理论认为，顾客购买商品不仅为满足基本的生理需求，还要满足高层的精神和心理需求，而传统的营销策略只注重强调在满足顾客的基本需求前提下更多考虑的是企业自身营销目标的需要

26. 网站无须主动登录搜索引擎的搜索引擎技术是（　　）。
   A. 全文检索搜索引擎　　　　　　B. 分类目录
   C. 关键字广告　　　　　　　　　D. 第三方平台

27. 下列设置密码的方式中安全的是（　　）。
   A. 使用简单、有规律的字母或数字
   B. 保证至少 4 个字符以上的密码长度
   C. 使用与用户登录名、邮件地址一致的密码或是其中一部分
   D. 定期更改密码

28. 下列选项不是利用搜索引擎营销常见方式的是（　　）。
   A. 关键字广告　　　　　　　　　B. 搜索引擎优化
   C. 网页内容定位　　　　　　　　D. 换马甲营销

29. 在现代市场营销学中，市场营销的功能分为四类，其中便利功能不包括（　　）。
   A. 资金融通　　　　　　　　　　B. 风险承担
   C. 产品标准化和分级　　　　　　D. 寻找市场

30. 在淘宝店铺中需要新建运费模板，下列不是可选的计价方式的是（　　）。
   A. 按重量　　　B. 按体积　　　C. 按件数　　　D. 按地区

31. 与传统支付方式相比，下列不是电子支付特点的是（　　）。
   A. 网上支付的工作环境是基于一个开放的系统平台，即 Internet 之中
   B. 网上支付采用先进的技术通过数字流转完成信息传输，其各种支付方式都是采用数字化的方式进行款项支付的
   C. 网上支付具有方便、快捷、高效、经济的优势
   D. 网上支付使用的是最安全、最便捷的通信手段

32. 关于市场营销，下列表述错误的是（　　）。

A. 市场营销就是在变化的市场环境中为满足消费需求、实现企业目标的商务活动过程
B. 所谓宏观市场营销，是指把市场营销看成企业行为
C. 市场营销活动既包括企业在流通领域内的活动，也包括企业在生产过程的产前活动和流通过程结束后的售后活动
D. 现代市场营销学认为，推销是企业营销人员的职能之一，但不是最重要的职能

33. 下面说法错误的是（　　）。
    A. 对于液体物品还需要填充可以足够吸收所有液体的吸收物（如布或棉花）
    B. 包装的箱子内要实，不能有空隙
    C. 颗粒状物品需要直接放置在纸箱内
    D. 圆桶状物品的外包装不得短于内件

34. 现场支付是指消费者在购买商品或服务时，即时通过手机向商家进行支付，（　　）。
    A. 支付必须使用移动网络
    B. 支付的处理在现场进行
    C. 支付完毕后消费者无法马上得到商品或服务
    D. 支付无法线下进行

35. （　　）是以手机为传播平台，直接向目标客户定向精确传播个性化即时信息，实现"一对一"互动营销目的。
    A. 精确营销　　　B. 定向营销　　　C. 无线营销　　　D. 移动营销

36. 同款商品不允许附带不同的赠品以不同价格发售。例如诺基亚 7610 手机现价 2 500 元，以下各组商品中售价正确的是（　　）。
    A. 诺基亚 7610 手机配耳机售价 2 500 元
    B. 诺基亚 7610 手机送原装电池售价 3 000 元
    C. 诺基亚 7610 手机送 128M MMC 卡售价 3 000 元
    D. 诺基亚 7610 手机送 64M MMC 卡售价 2 800 元

37. （　　）防火墙是基于网络层的防火墙。
    A. 层级型　　　　　　　　　B. 代理服务型
    C. 安全服务型　　　　　　　D. 包过滤型

38. 运输和（　　）是物流的两大支柱。
    A. 流通加工　　　　　　　　B. 装卸包装
    C. 存储保管　　　　　　　　D. 生产管理

39. 下列选项中属于电子商务安全运作基本原则的是（　　）。
    A. 分工合作原则　　　　　　B. 最小权限原则
    C. 协同工作原则　　　　　　D. 群组负责原则

40. 下列关于光圈快门的说法正确的是（　　）。
    A. 使用小光圈相应的快门要快　　　B. 大光圈可以拍摄的景深大

  C. 快门控制镜头的焦距   D. F 值越大，光圈越小

41. 下列淘宝站内推广不是收费软件运用的是（　　）。
  A. 网店版行情参谋   B. 会员关系管理
  C. 店铺收藏   D. 搭配套餐

42. 按照用户需求角度进行分类，通过移动终端看病挂号属于（　　）。
  A. 按需定制型移动商务   B. 需求对接型移动商务
  C. 预约接受型移动商务   D. 搜索查询移动商务

43. 市场经济条件下，下列行为不违反职业道德规范中关于诚实守信要求的是（　　）。
  A. 根据服务对象来决定是否遵守承诺
  B. 打进对手内部，增强竞争优势
  C. 凡有利于增大企业利益的就做
  D. 通过诚实合法劳动实现利益最大化

44. 目前，国内银行暂时没有实用系统支持的电子支付方式包括（　　）、电子支票等。
  A. 电子网络   B. 电子汇款   C. 电子现金   D. 电子转账

45. 下列说法错误的是（　　）。
  A. 与门户网络发布广告和新闻相比，博客传播具有的自主性较少
  B. 博客营销是一种基于个人知识资源的网络信息传递形式
  C. 博客营销有利于长远利益和培育忠实用户
  D. 博客可以作为企业网站内容的一种有效补充，使之更适合用户阅读和接受

46. 会员严重违规扣分（除出售假冒商品外）累计达（　　）分的，给予店铺屏蔽、限制发布商品、限制创建店铺、限制发送站内信、限制社区功能及公示警告 7 天的处理。
  A. 36   B. 24   C. 48   D. 12

47. 下列选项中不是第三方 B2B 电子商务平台主要特点的是（　　）。
  A. 安全性高   B. 见效慢   C. 凝聚力强   D. 成本低

48. 现代物流是以满足（　　）的需求为目标，把制造、运输、营销等市场情况统一起来考虑的一种战略措施。
  A. 消费者   B. 供应商   C. 生产者   D. 采购商

49. 电子商务就是在 Internet 开放的网络环境下，基于浏览器/服务器应用方式，实现消费都网上购物、商户之间的网上交易、在线电子支付以及有关方的网络服务的一种新型的（　　）。
  A. 技术   B. 商务活动
  C. 手段   D. 商业运营模式

50. 下列选项中不是促使手机网民规模进一步增长的作用因素的是（　　）。
  A. 移动互联网应用场景的日益丰富
  B. 网络环境的日趋完善
  C. 人们观念日益开放

D. 移动上网设备的逐渐普及

51. 文明礼貌是从业人员的基本素质,下列选项中不属于文明礼貌内容的是( )。
    A. 仪表端庄   B. 语言规范   C. 举止得体   D. 真诚相待

52. 下列选项中属于第三方 B2B 电子商务平台的是( )。
    A. 当当网   B. 环球资源网   C. 淘宝网   D. PayPal

53. 数字摘要使用( )函数。
    A. Hash   B. RSA   C. Vasc   D. SET

54. WAP 营销的特点是( )。
    A. 操作简单   B. 应用灵活
    C. 方便快捷   D. 建站维护费用昂贵

55. 非对称加密体制中,密钥被分解成( )。
    A. 两对   B. 一对   C. 三对   D. 四对

56. 下列选项中不属于网上商店商品包装原则的是( )。
    A. 适合运输   B. 适度包装的原则
    C. 重心合一的原则   D. 分体包装原则

57. 下列选项是淘宝网商品减库存方式的是( )。
    A. 付款减库存和手动减库存   B. 拍下减库存和手动减库存
    C. 手动减库存和购物车减库存   D. 拍下减库存和付款减库存

58. 平邮普通包裹计费方式是( )。
    A. 按内容物类别收费
    B. 只按照寄递里程分区计费
    C. 每 500 克为一个计费单位,按照寄递里程分区核定收费
    D. 统一收费

59. 淘宝站内推广属于免费推广资源的是( )。
    A. 网店版行情参谋   B. 会员关系管理
    C. 店铺 VIP   D. 搭配套餐

60. 下列关于 HTML 文档的说法正确的是( )。
    A. HTML 文档结构一般分为文件头、文件中、文件尾
    B. HTML 文档实际上是一个二进制文件
    C. HTML 文档结构中文件头还包括文档标题标签<title>...</title>
    D. HTML 文档结构中表示文件头的标签是<html>标签

二、多项选择题(下列每题有四个选项,正确答案不止一个选项,请将正确选项代号填写在括号中。每题 2 分,共 10 题)

1. 网上贸易防诈骗方法有( )。
    A. 验明对方身份
    B. 通过联系方式判断真伪
    C. 完善必要的买卖手续
    D. 汇款方提供的是卡号或存折账号汇款,不管对方要求你把款项汇给谁,一定

要取得他们的授权证明

2. 以下对互联网思维的理解，表述正确的是（　　）。
   A. 所谓互联网思维就是由众多点相互连接起来的，非平面、立体化的，无中心、无边缘的网状结构
   B. 互联网思维是提高维度，让互联网产业高姿态、主动去整合实体产业
   C. 互联网思维，就是在（移动）互联网+、大数据、云计算等科技不断发展的背景下，对市场、用户、产品、企业价值链乃至对整个商业生态进行重新审视的思考方式
   D. 互联网时代的思考方式，局限在互联网产品、互联网企业

3. 下列选项中属于按照物流作用分类的是（　　）。
   A. 回收物流　　　B. 第三方物流　　　C. 绿色物流　　　D. 供应物流

4. 下列说法正确的是（　　）。
   A. 质量好的图片可以激发用户购买欲望，增强买家对网店的正面印象
   B. 图片是网店的灵魂，优质宝贝图片是网店的基础，产品图片的质量显得尤为重要
   C. 有冲击力的高品质产品图片能大大提升目标客户购买欲望，使产品自身品质得到改变
   D. 卖家都是通过网店中的产品图片来直观感受产品质量和网店形象

5. 下列说法不正确的是（　　）。
   A. 目前电子商务涉及的法律问题包括网上个人隐私保护问题
   B. 我国电子商务立法应采纳促进交易原则
   C. 从促进电子商务发展的角度看，应该对电子商务实行永久免税
   D. 电子商务交易中卖方有对标的物验收的义务

6. 关于企业员工遵纪守法的论述，正确的是（　　）。
   A. 从业人员遵纪守法是职业活动正常进行的基本保证
   B. 职业纪律是企业的行为规范，具有高度的强制性
   C. 企业员工违反职业纪律，企业应视情节轻重，做出恰当处分
   D. 任何单位要维持正确的生产秩序，就必须要求每个员工遵守劳动纪律

7. 第三方支付的特点不包括（　　）。
   A. 第三方支付平台不利于打破银行卡间的壁垒
   B. 第三方支付平台提供一系列的应用接口程序，将多种银行卡支付方式整合到一个界面上
   C. "担保交易服务"可以消除人们对网络交易的顾虑
   D. 不能为卖家提供更多的增值服务

8. 开设网店需要购置一些硬件设备，下列选项中属于必须要具备的硬件条件是（　　）。
   A. 打印机　　　　　　　　　　　　　B. 仓库
   C. 相机　　　　　　　　　　　　　　D. 计算机和网络设备

9. 目前我国第三方支付产品与其所属公司对照正确的是（　　）。
   A. PayPal（网易旗下）　　　　　　B. 百付宝（百度旗下）
   C. 支付宝（阿里巴巴旗下）　　　　D. 财付通（雅虎旗下）
10. 下面说法错误的是（　　）。
    A. 大光圈能够进入的光线少
    B. 人造光源主要是指阳光
    C. 一般来说，商品拍摄至少需要两种类型的光源，一种是主光，另一种是轮廓光
    D. 微距就是能把物体细节表现清楚的最近的拍摄距离。

三、判断题（将判断结果填入括号中，正确的填"√"，错误的填"×"。每题 1 分，共 20 题）

1. 安全原则是电子商务立法中强制性规范立法的基础。（　　）
2. 安全超文本传输协议（SHTTP、HTTPS）的作用是保障 Web 网站之间通信信道的安全。（　　）
3. 认证中心认证体系结构是一个星形结构。（　　）
4. 热爱工作是从业人员的基本素质，指的是仪表端庄、语言规范、举止得体、待人热情。（　　）
5. 企业的网上报关属于 G2C 范畴。（　　）
6. 各家商业银行可以根据业务发展的需求申请设置支付网关。（　　）
7. 一张合格的相片图片要还原出商品的形、色、质、味。（　　）
8. 计算机病毒是隐藏在计算机系统中的加密文件。（　　）
9. 论坛营销方法中的"长帖短发"就是指把帖尽量缩短，用于吸引用户的眼球，使用户坚持把帖子内容看下去。（　　）
10. 数码相机在成像时，感光元件边缘部分会因为光线的衍射而导致成像模糊。为保证成像质量，感光元件上这部分的成像会被舍弃，所以感光单元不能 100% 被利用。（　　）
11. The smallest unit of information in a computer system is called a byte.（　　）
12. 网页下载时间不宜过长是网页制作的原则之一。（　　）
13. 电子现金具有现金的属性，可交换、可存储，具有匿名性，只是不再具有货币价值。（　　）
14. 网络论坛具有一定的隐蔽性，可以用不同的"马甲"在论坛中扮演不同的角色。（　　）
15. 防火墙是一种被动式的防护手段。（　　）
16. 论坛营销中"长帖短发"的方法最好不要超过 7 帖。（　　）
17. 保管是物流的基本要素。（　　）
18. 电子支付的发展与电子商务的发展并没有什么关联。（　　）
19. 信息的有效性包括通信的不可抵赖、不可否认。（　　）
20. 对联广告与分辨率无关，永远保持在页面两侧，可以关闭。（　　）

理论知识考试模拟试卷（二）

一、单项选择题（下列每题有四个选项，其中只有一个是正确的，请将其代号填写在括号中。每题1分，共60题）

1. 移动商务从本质上归属于（　　）的类别。
   A. 通信技术　　　B. 电子商务　　　C. 无线通信　　　D. 网络技术

2. 下列说法错误的是（　　）。
   A. 电子商务使企业可以绕过传统的分销商、经销商以及零售商，直接与广大的客户来往，无论是网络直销还是网络间接销售都令传统中间商的作用逐渐淡化
   B. 电子商务较之传统商业具有全天时营业、增加商机和方便客户的特点
   C. B2C类型的商务类似于零售业
   D. 电子商务按网络类型基本上分为直接电子商务和间接电子商务

3. 下列说法错误的是（　　）。
   A. 截至2015年6月，我国网民规模近7亿，整体网民规模增速继续加快
   B. 未来，在云计算、互联网及大数据等应用的带动下，互联网加速农业、现代制造业和生产服务业转型升级，形成以互联网为基础设施和实现工具的经济发展新形态
   C. 随着"互联网+"行动计划的出台，互联网将带动传统产业的变革和创新
   D. 随着网民规模的增长进入平台期，互联网对个人生活方式的影响进一步深化。从基本信息获取和沟通娱乐需求的个性化应用，发展到与医疗、教育、交通等公用服务深度融合的民生服务

4. 电子支付与传统支付方式相比，具有的特点不包括（　　）。
   A. 网上支付的工作环境是基于一个开放的系统平台，即Internet之中
   B. 网上支付具有方便、快捷、高效、经济的优势
   C. 网上支付采用先进的技术通过数字流转完成信息传输，其各种支付方式都是采用数字化的方式进行款项支付的
   D. 网上支付使用的是最安全的交易手段

5. 第三方电子商务平台是指由（　　）之外的第三方建设运营的提供信息和交易等服务的电子商务平台。
   A. 企业和服务提供商　　　B. 生产商和销售商
   C. 消费者和网店　　　　　D. 买方和卖方

6. 现代市场营销学把市场营销的功能分为四类，便利功能是实现（　　）功能和（　　）功能的重要保障。
   A. 交换、物流　　　B. 物流、示向　　　C. 交换、示向　　　D. 示向、运输

7. 关于市场营销，下列表述错误的是（   ）。
   A. 消费者或用户不仅是市场营销活动全过程的终点，而且是市场营销全过程的起点
   B. 所谓宏观市场营销，是把市场营销看成与市场有关的人类活动，利用公共政策和社会管理促使社会供给能力最有效地满足社会需求的社会经济过程
   C. 现代市场营销学认为，推销是市场营销活动最重要的部分
   D. 所谓微观市场营销，是指把市场营销看成企业行为

8. 下列说法错误的是（   ）。
   A. 一般不怕摔和软质的物品（衣物、包、毛绒玩具）可以采用塑料袋（PAK袋）包装方式，以降低运输成本
   B. 所有的内件物品先用塑料薄膜或塑料纸做一层包装
   C. 快递时涉及空运的物品的包装要特别加强
   D. 包装的箱子内要留有缝隙

9. 下列选项中不是网上市场调研应遵循原则的是（   ）。
   A. 认真设计在线调查表
   B. 尽量提高样本分布不均衡的影响
   C. 公布保护个人信息声明
   D. 尽量减少无效问卷

10. IPv6 用于解决（   ）的问题。
    A. IPv4 不能应用于下一代家用电器（如智能冰箱）
    B. IPv4 地址结构复杂
    C. IPv4 地址分配不合理
    D. IPv4 地址不足

11. 下列选项中不属于中层包装常用材料的是（   ）。
    A. PE 自封袋   B. 气泡膜
    C. 珍珠棉、海绵   D. 报纸

12. 下列说法不正确的是（   ）。
    A. 电子商务的交易几乎都是在网络上进行，只是实体商品的配送和部分的售后服务例外，因而能够实现高效率、低成本的目标
    B. 在电子商务交易过程中，合同可以采用电子邮件或电子数据交换（EDI）进行签约，采用数字签名等方式签名，采用安全保密传送方式交换电子合同文件
    C. 在电子商务一般的交易过程中，买方按时收到所订货物，卖方代理完成所规定的安装、启动及验收工作，取得收货证明。这些行为属于办理合同履行前手续阶段
    D. 电子商务的交易过程同传统商业很相似，先后都要经历五个阶段。但是两者所采用的技术手段、所运用的管理模式有很大的差异，最终的效果则显然不同

13. 移动支付存在的问题不包括（　　）。
    A. 信用制度及风险问题　　　　　　B. 移动支付产业链的协调
    C. 移动支付成本较低　　　　　　　D. 缺少相关配套法规
14. 下列关于网络营销的特点正确的是（　　）。
    A. 跨时空、个性化、高效性　　　　B. 滞后性、多媒体、整合性
    C. 成本高、交互性、技术性　　　　D. 超前性、经济性、强制性
15. 买卖双方有权基于真实的交易在支付宝交易成功后15天内相互评价，特殊类目商品的交易不开放评价。这里特殊类目商品指（　　）。
    A. "其他"类目下所有商品　　　　　B. "其他"类目下的新品预览
    C. "其他"类目下的定金　　　　　　D. "其他"类目下的赠品
16. 下列有关数字信封的说法正确的是（　　）。
    A. 发送方需要使用接收方的私钥来加密数字信封
    B. 数字信封包含了数字签名
    C. 数字信封能够确认发送者的身份
    D. 数字信封使用了对称加密技术
17. 下列关于光圈快门的叙述正确的是（　　）。
    A. 用大光圈拍摄时，快门要快
    B. F值越大，光圈越大
    C. 光圈越小，光通量越大
    D. 大光圈的景深大
18. 在电子商务环境下物流需求发生了新的变化，体现在（　　）。
    A. 物流服务需求单一化　　　　　　B. 销售的商品标准化
    C. 物流服务需求特殊化　　　　　　D. 消费者的地区分布集中化
19. 下列关于HTML文档的说法错误的是（　　）。
    A. HTML文档实际上是一个文本文件
    B. HTML文档可以用文字编辑器来编辑
    C. HTML文档结构分为文件头和文件体
    D. HTML文档可以编译为EXE文件
20. EMS采用国内500克以内货物按（　　）计费。
    A. 重量　　　　B. 体积　　　　C. 统一收费　　　　D. 距离
21. 下面选项中不是博客营销特点的是（　　）。
    A. 唯一性　　　　　　　　　　　　B. 自主性
    C. 搜索引擎可见性　　　　　　　　D. 传播性
22. 《非金融机构支付服务管理办法》中规定第三方支付公司必须在本办法实施之日起（　　）年内取得许可证。
    A. 半　　　　　B. 2　　　　　C. 3　　　　　　D. 1
23. 淘宝店铺标志图片不支持（　　）格式，大小限制在80K以内。
    A. JPG　　　　B. TIF　　　　C. GIF　　　　　D. PNG

24. 泄露以下个人信息会被处罚的是（　　）。
    A. 联系人姓名　　　　　　　　　　B. 收货地址
    C. 联系电话　　　　　　　　　　　D. 以上三项都是

25. 关于网络市场调研，下列做法不恰当的是（　　）。
    A. 让用户了解调研目的并确信个人信息不会被公开或者用于其他任何场合
    B. 提醒被调查者对遗漏的项目或者明显超出正常范围的内容进行完善
    C. 尽量减少有效问卷
    D. 吸引尽可能多的人参与调查

26. 与其他营销方式相比，下列不是博客营销优势的是（　　）。
    A. 细分程度高，定向准确
    B. 互动传播性弱，但信任程度高，口碑效应好
    C. 影响力大，引导网络舆论潮流
    D. 有利于长远利益和培育忠实用户

27. 下列不是网店物流配送方式的是（　　）。
    A. 邮寄　　　　B. 快递　　　　C. 货运业务　　　　D. 商场取货

28. 透明体表面非常光滑，由于光线能穿透透明体本身，要使其产生玲珑剔透的艺术效果和质感，一般会选择的用光方法是（　　）。
    A. 45°侧光、顶光　　　　　　　　B. 正面光、侧光
    C. 逆光、侧逆光　　　　　　　　　D. 45°光、顺光

29. 下列说法不正确的是（　　）。
    A. 卖方可能因电子伪钞，向不真实买主交货，而钱货两空
    B. 电子支付的安全问题只会影响到电子交易双方的利益
    C. 银行可能因向虚假商家兑现，又遇收不到货的买家拒付而受损
    D. 买方可能因信用卡密码被窃，导致资金流失或商家虚假而收不到货

30. 下列选项中不是网络广告特点的是（　　）。
    A. 制作简单，成本低廉　　　　　　B. 对象不确切
    C. 易于调整　　　　　　　　　　　D. 互动性强

31. 下列属于Internet特点的是（　　）。
    A. 信息容量大，但不便于检索信息
    B. 不论采用何种协议，任何两台主机之间都可以进行通信
    C. 信息可以在全球范围内传播
    D. 永远提供最新的信息内容

32. 女装/女士精品类目下，以下商品发布在正确的二三类目下的是（　　）。
    A. 带帽套头卫衣发布在开衫下　　　B. 披肩发布在短外套下
    C. 休闲女士中裤发布在七分裤下　　D. 抹胸型礼服发布在一字肩下

33. 下列说法错误的是（　　）。
    A. 要体现商品的质感时应用微距拍摄
    B. 一张合格的商品图片千万注意不要失真，最好应同时附有参照物，以便买家

直接理解商品的实际尺寸
　　C. 相片清晰与否，与 CCD 的面积有重要关系
　　D. 利用数码放大原理进行的变焦是真变焦
34. 关于超级卖霸，下列说法错误的是（　　）。
　　A. 超级卖霸每期活动根据不同类型的卖家定义相同的价格
　　B. 超级卖霸同一专题不同的产品展示位，通常靠前的展示位其价格略高
　　C. 超级卖霸整合淘宝优质广告资源进行强力推广
　　D. 超级卖霸是以专题/活动的形式进行集中展示
35. 下列对 HTML 的描述不正确的是（　　）。
　　A. HTML 标签不能包括空格　　　　B. 可用于各不相同的操作系统上
　　C. 可被任何文本编辑器读取　　　　D. HTML 是 Internet 上的标准语言
36. 职业道德是一种（　　）的约束机制。
　　A. 自发性　　B. 随意性　　C. 非强制性　　D. 外在性
37. 下列选项不属于移动营销方式的是（　　）。
　　A. WAP 营销　　B. 微信营销　　C. APP 营销　　D. 博客营销
38. 宝贝标题可以写入 60 个字符、30 个中文汉字，我们要充分利用好这 30 个汉字，其中关键词可以在数据魔方中的（　　）功能中淘词。
　　A. 宝贝命名关键字　　　　　　　　B. 如何给宝贝取名
　　C. 宝贝取名　　　　　　　　　　　D. 热门宝贝关键字
39. 下列有关安全协议的说法不正确的是（　　）。
　　A. SSL 协议有利于客户而不利于商家
　　B. SSL 协议保证了数据的保密性
　　C. SET 协议保证电子商务参与者信息的互相隔离
　　D. 发卡银行是 SET 协议其中一个角色
40. 网络客户服务的特点包括（　　）。
　　A. 突破了服务的时空限制　　　　　B. 促进了销售的开展
　　C. 增加了企业的服务成本　　　　　D. 增强了顾客在服务中的被动性
41. 计算机病毒按照病毒传染方式分类的是（　　）。
　　A. 操作系统病毒　　　　　　　　　B. 传输系统病毒
　　C. 浏览器病毒　　　　　　　　　　D. 引导区病毒
42. 非对称加密体制中，密钥被分解成（　　）。
　　A. 一对　　B. 两对　　C. 三对　　D. 四对
43. "橱窗推荐"商品会在搜索结果中优先出现。在发布商品的时候，为了增加剩余时间趋近于 0 的频率，选择宝贝有效期需要选择（　　）天。
　　A. 3　　B. 1　　C. 5　　D. 7
44. 关于 HTML 文档，下列说法正确的是（　　）。
　　A. 把 HTML 文档从 Windows2003 系统复制到 Unix 系统上使用，不需要做任何改动

B. HTML 文档可以连接互联网上除了执行程序外的所有资源
C. HTML 文档要用专门的网页制作工具进行编写
D. HTML 文档中<title>标签的内容是显示在网页上的

45. 下列说法错误的是（   ）。
    A. 圆桶状物品的外包装不得短于内件
    B. 如果体积比较大，特别易碎物品及贵重物品（如玻璃器皿、显示器等），一定要再加木框包装
    C. 对于液体物品需要填充可以足够吸收所有液体的吸收物（布或棉花）
    D. 颗粒状物品需要直接放置在纸箱内

46. 网络广告是（   ）。
    A. 由文字和静态图片组成
    B. 由高水平的美工师设计和制作的
    C. 缺乏良好的交互功能
    D. 以数字代码为载体

47. Google 的营销计划（Adsense）属于（   ）。
    A. 搜索引擎登录   B. 竞价排名
    C. 搜索引擎优化   D. 网页内容定位广告

48. 下列不属于淘宝店铺卖家发布新商品开始时间的方式选择的是（   ）。
    A. 上架   B. 设定   C. 立刻   D. 放入仓库

49. （   ）是通过智能手机、社区、SNS 等平台上运行的应用程序来开展营销活动。
    A. 移动营销   B. WAP 营销
    C. 微博营销   D. APP 营销

50. 发送信息给 210.72.255.255 表示将信息广播到（   ）网络。
    A. 210.72   B. 210
    C. 210.72.255   D. 210.72.255.255

51. 遵循（   ）的职业道德规范，必须做到平等待人、尊重他人、顾全大局、互相学习、加强协作。
    A. 团结互助   B. 遵纪守法
    C. 勤劳节俭   D. 刻苦钻研

52. 爱岗敬业的具体要求是提高（   ）。
    A. 企业的知名度   B. 职业技能
    C. 企业效益   D. 办事效率

53. 下列有关防火墙的叙述正确的是（   ）。
    A. 包过滤型是基于协议层的防火墙
    B. 防火墙是一种主动式的防护手段
    C. 防火墙不能防范来自网络内部的攻击
    D. 防火墙能防范不经由防火墙的攻击

54. WWW 是（ ）的缩写。
    A. World Why Wait   B. World Wide Web
    C. World Wait Wad   D. World Wate Want
55. 淘宝网卖家发布自用闲置转让类商品不得超过 50 件，其中数码类商品叶子类目中的手机分类发布数量限制是（ ）台。
    A. 5   B. 10   C. 15   D. 20
56. 下列选项中属于按照物流系统性质分类的是（ ）。
    A. 供应物流   B. 国内物流   C. 第三方物流   D. 回收物流
57. 店铺名由字号区和自定义区两部分组成，字号区有（ ）次修改机会，自定义区修改次数不受限制。
    A. 2   B. 3   C. 4   D. 5
58. 在使用图像时，需要注意的问题是（ ）。
    A. 图片要清晰，对大的图片不要分割
    B. 图片的主体含义要简单明了，文字要清晰、易识别
    C. 图片采用的颜色要与网页总体颜色相区分
    D. 图片清晰为首要考虑条件，格式、文件大小为次要条件
59. 下列关于网页内容定位的网络广告的说法正确的是（ ）。
    A. 延伸到关键字广告的网站上
    B. 广告载体仅限于搜索引擎的搜索结果页面
    C. 使广告具有更精准的定位和针对性
    D. 只有大型企业才能问津
60. 相对于笔记本电脑而言，智能手机的优势是（ ）。
    A. 界面友好，易操作   B. 计算速度快
    C. 携带方便，接入灵活   D. 外设接口种类多

二、多项选择题（下列每题有四个选项，正确答案不止一个选项，请将正确选项代号填写在括号中。每题 2 分，共 10 题）

1. 下列属于外包装常用材料的是（ ）。
    A. 纯棉白布袋   B. 编织袋
    C. PE 自封袋   D. 邮政复合气泡袋
2. 下列说法不正确的是（ ）。
    A. 我国电子商务立法应采纳促进交易原则
    B. 目前，电子商务涉及的法律问题包括网上个人隐私保护问题
    C. 从促进电子商务发展角度看，应该对电子商务实行永久免税
    D. 电子商务交易卖方有对标的物验收的义务
3. 办事公道的具体要求包括（ ）。
    A. 不徇私情   B. 按原则办事
    C. 墨守成规   D. 不计个人得失
4. 下列第三方支付产品与其所属公司对照正确的是（ ）。

A. 百付宝（百度旗下） B. PayPal（eBay 旗下）
C. 支付宝（阿里巴巴旗下） D. 财付通（腾讯旗下）

5. 白平衡有多种模式，适应不同场景拍摄的是（　　）。
A. 室外白平衡 B. 荧光白平衡
C. 钨光白平衡 D. 自动白平衡

6. 3G 的主流应用技术标准是（　　）。
A. 小灵通标准 B. CDMA2000
C. TD-SCDMA D. WCDMA

7. 取景器的功能包括（　　）。
A. 取景　　　　B. 测光　　　　C. 测色温　　　　D. 测距

8. 自从 20 世纪 80 年代中期移动技术出现以来，移动技术主要经历了三次重要变革，它们分别是（　　）。
A. 模拟技术 B. 数字技术
C. 无线网络高速数据传输技术 D. 有线网络高速传输技术

9. 目前对移动商务交易主体管理不足表现为（　　）。
A. 缺少必要的审查和管理 B. 缺少网络化的交易管理
C. 缺少对风险的提示和告诫 D. 缺少对交易风险的必要保障

10. 下列选项中属于物流基本要素的是（　　）。
A. 储存保管　　B. 包装　　　C. 销售　　　　D. 生产

三、判断题（将判断结果填入括号中，正确的填"√"，错误的填"×"。每题 1 分，共 20 题）

1. 消费群体单一是第三方 C2C 电子商务平台的主要特点。（　　）
2. 电子商务将对人类社会产生重要的影响，它改变了市场需求结构。（　　）
3. 防火墙可以防止由于密码泄露而受到的攻击。（　　）
4. 移动商务的价值链增值能力高于电子商务价值链。（　　）
5. 第三方支付是具备一定实力和信誉保障的独立机构，采用与各大银行签约的方式，提供与银行支付结算系统接口的交易支持平台的网络支付模式。（　　）
6. 电子邮件营销按照 Email 营销的功能分为顾客关系 Email 营销、顾客服务 Email 营销、在线调查 Email 营销、产品促销 Email 营销等。（　　）
7. 防火墙主要包括层过滤型和代理服务型两种类型。（　　）
8. 电子邮件营销或 Email 营销是互联网上出现最早的商业活动，迄今为止，依然是网络营销的主要手段之一。（　　）
9. 我国电子商务立法应采纳与国际电子商务规范分开原则。（　　）
10. 勤劳节俭的现代意义在于勤劳节俭是促进经济和社会发展的重要手段。（　　）
11. 计算机病毒是隐藏在计算机系统中的程序。（　　）
12. www.teach.com/shopbag/是一个绝对地址。（　　）
13. 我国电子商务立法应采纳技术中立原则，技术中立原则意味着排斥对新技术的采纳。（　　）

14. 数码相机的关键元件 CCD 或 CMOS 又称为"影像传感器",其作用相当于感光胶片。（   ）

15. 尽管产品自身品质没有改变,有冲击力的高品质产品图片也能大大提升目标客户购买欲望。（   ）

16. 邮件列表的特点包括信息发布有针对性、内容收费、简化信息发布。（   ）

17. 可以选择快过期商品作为网上促销的赠品。（   ）

18. 电子商务对物流的时效性要求提高。（   ）

19. 网上银行,又称网络银行、电子银行、虚拟银行,它实际上是银行业务在网络上延伸。（   ）

20. 目前 IP 地址总共分为 A、B、C、D 四类。（   ）

理论知识考试模拟试卷（三）

一、单项选择题（下列每题有四个选项,其中只有一个是正确的,请将其代号填写在括号中。每题 1 分,共 60 题）

1. 第三方电子商务平台是指（   ）。
   A. 买卖双方共同出资建立的网站
   B. 卖方企业自建的网站
   C. 消费者建立的网站
   D. 由买方和卖方之外的第三方建设运营的为多个买方和多个卖方提供信息和交易等服务的网站

2. 下列说法错误的是（   ）。
   A. 京东自营商品采用自营物流配送方式
   B. 淘宝网店采用第三方物流的配送方式
   C. 卓越亚马逊拥有自己的配送团队
   D. 小米网采用自营物流配送方式

3. 下列说法错误的是（   ）。
   A. 在电子商务下,大多数商品都可以通过网络传输
   B. 物流系统效率的高低是电子商务成功与否的关键
   C. 缺少了现代化的物流过程,电子商务过程就不完整
   D. 物流是实现电子商务跨区域的重点

4. 下列选项中不属于内包装常用材料的是（   ）。
   A. PE 自封袋   B. 热收缩膜   C. 珍珠棉、海绵   D. OPP 自封袋

5. 数字信封技术中（   ）称为数字信封。
   A. 发送方的私人密钥对会话密钥进行加密
   B. 接收方的公开密钥对会话密钥进行加密

C. 会话密钥对接收方的公开密钥进行加密

D. 发送方的私人密钥对接收方的公开密钥进行加密

6. 下列不属于对应类目商品的是（   ）。

   A. 收纳类放置在收纳/储存类目下

   B. 藤制躺椅放置在椅/凳类目下

   C. 藤编茶几放置在实木茶几下

   D. 电脑桌放置在笔记本电脑桌下

7. 下面说法正确的是（   ）。

   A. 搜索引擎营销定位的程度较低

   B. 搜索引擎营销是由企业主导的

   C. 网站简要介绍的吸引力如何，也会影响到搜索引擎营销的效果

   D. 搜索引擎营销主要目的之一是对广告联盟合作伙伴的网站进行推广

8. （   ）是维持市场经济秩序的基本原则。

   A. 诚实守信　　　B. 公平竞争　　　C. 勤劳节俭　　　D. 廉洁奉公

9. 淘宝用户名一经注册成功就不能修改。淘宝会员名对应的是一个会员的个人账户，同时还和会员的实际身份、支付宝账号、交易记录，以及（   ）相关联。

   A. 会员购买行为　　　　　　　　　B. 会员在线捐助

   C. 会员开设 C 店　　　　　　　　D. 会员个人信用

10. 第三代通信技术出现在（   ）。

    A. 21 世纪初期　　　　　　　　　B. 20 世纪末期

    C. 20 世纪 90 年代　　　　　　　D. 20 世纪 80 年代

11. 博客营销是一种基于（   ）的网络信息传递形式。

    A. 价格优势　　　B. 广告资源　　　C. 心理价值　　　D. 个人知识资源

12. 下列关于 HTML 文档说法正确的是（   ）。

    A. HTML 文档可以编译为 EXE 文件

    B. HTML 文档结构一般分为文件头、文件体

    C. HTML 文档实际上是一个可执行程序

    D. HTML 文档结构中表示文件头的标签是<body>标签

13. 下列说法正确的是（   ）。

    A. 电子商务交易中处处体现对客户的尊重和支持

    B. 在电子商务一般交易过程中，交易双方和中介方，彼此之间需要实时完成相应的手续，交换有关的电子票据和电子单证。这些行为属于交易前准备阶段

    C. 在电子商务一般交易过程中，办理信用卡申请、账号及密码交验、支付能力查证、支付信誉查证、付款通知、转账通知等手续。这些行为属于洽谈和签订合同阶段

    D. 在电子商务一般交易过程中，买方通过互联网和其他电子商务网站（各种增值网），寻找所需的商品和商家，发出询价和查询信息，收集相关信息，进

行市场调查和分析，制订和修改购货、进货计划，比较选择，做出购买决策，审批计划，筹划货款等。这些行为属于办理合同履行前手续阶段

14. 第三方电子商务平台主要分为（　　）两类。
    A. C2C 和 B2G   B. C2C 和 B2B   C. B2G 和 B2B   D. B2B 和 B2C

15. 下列说法正确的是（　　）。
    A. 如果"网上购物，线下支付"能够轻松实现，电子商务企业面对的客户群体完全可能出现数倍的增长，巨大的需求意味着无限的商机
    B. 电子支付领域在未来几年是不会有太大发展的
    C. 电子支付操作存在疑难是电子支付中最关键、最重要的问题
    D. 电子支付中的安全与一般情况下所说的信息安全没有差别

16. （　　）是中国银联与中国移动通信运营商或相关 SP 联合推出的，以手机为发起终端，利用银行卡进行手机缴费（充值）或购买无物流商品的业务。
    A. 网络支付   B. 电子支付   C. 移动支付   D. 手机支付

17. 淘宝站内推广不是免费推广资源的是（　　）。
    A. 淘宝社区   B. 淘帮派推广   C. 限时打折   D. 店铺推广

18. 网店公告内容如"本店新开张，欢迎光临，本店将竭诚为您服务！""小店新开，不为赚钱，只为提高大家的生活质量，欢迎常来！"，这类公告属于（　　）。
    A. 消息型   B. 详细型   C. 叙事型   D. 简洁型

19. TCP/IP 是一个协议组，其中不包括的协议是（　　）。
    A. OSI   B. IP   C. UDP   D. TCP

20. 下列属于现代物流发展趋势的是（　　）。
    A. 现代物流信息化趋势   B. 现代物流个性化趋势
    C. 现代物流平民化趋势   D. 现代物流分散化趋势

21. 关于网络营销理论，下列说法不正确的是（　　）。
    A. 企业必须执行以消费者需求为出发点，以满足消费者需求为归宿点的现代市场营销思想，将消费者整合到整个营销过程中来，从他们的需求出发开始整个营销过程，在营销过程中不断与顾客交流，每个营销策略从消费者的角度出发
    B. 直复营销理论认为，网络的出现为企业和顾客提供了直接交互式营销网络渠道，企业和顾客可以直接在网上展开交互式营销活动，顾客可通过网络直接向企业下订单付款，顾客对企业的营销努力有一个明确的回复，企业可以统计到这种明确回复的数据，由此对营销活动的成效作出评价，从而使营销具有可测试性、可度量性和及时改进性等特点
    C. 软营销理论认为顾客购买商品不但为了满足基本的生理需求，还要满足高层的精神和心理需求，因此传统的营销策略只注重强调在满足顾客的基本需求前提下，更多考虑的是企业自身营销目标的需要
    D. 企业必须转变传统的以人为本的营销方式，加强企业内涵，增强企业自身吸引力

22. 第三方平台站内推广一般都会有免费的方式，属于淘宝站内推广免费的方式是（　　）。
    A. 满就送　　　　　　　　　　B. 淘宝客
    C. 内部搜索引擎优化　　　　　　D. 淘宝天下

23. 爱岗敬业的具体要求之一是树立（　　）。
    A. 职业理想　　　　　　　　　　B. 职业责任
    C. 职业风气　　　　　　　　　　D. 职业规范

24. 从业人员诚实守信的具体要求不包括（　　）。
    A. 谢绝谈论企业之事　　　　　　B. 重视服务质量
    C. 关心企业的发展　　　　　　　D. 遵守合同和契约

25. 下面属于相对地址的是（　　）。
    A. /www.exam.com/map.rar
    B. http://www.abc.com/default.asp
    C. //www.teach.com/shopbag/default.asp
    D. www.exambase.com/email/default.asp

26. 淘宝网店标的尺寸是（　　）。
    A. 100像素×100像素　　　　　　B. 80像素×80像素
    C. 120像素×120像素　　　　　　D. 60像素×60像素

27. 关于互联网思维，下列说法错误的是（　　）。
    A. 互联网思维是相对于工业化思维而言的
    B. 互联网思维是一种商业民主化的思维
    C. 互联网思维是一种经济全球化的思维
    D. 互联网思维是一种用户至上的思维

28. 淘宝搜索默认排序方式分为所有宝贝和（　　）。
    A. 人气宝贝　　B. 热门宝贝　　C. 销量　　　　D. 地域

29. 市场经济条件下，职业道德最终将对企业起到（　　）的作用。
    A. 决定经济效益　　　　　　　　B. 提高竞争力
    C. 决定前途与命运　　　　　　　D. 决策科学化

30. 下列有关加密体制的叙述正确的是（　　）。
    A. DES是非对称体制的主要算法
    B. 非对称加密技术存在的主要问题是密钥安全交换和管理问题
    C. 非对称加密中对公钥和私钥都要保障安全，不能让其他人获取
    D. 非对称加密中一个密钥加密的信息只能用另一个密钥解开，不能用相同的密钥解开

31. 第三方平台站内推广中淘宝内部搜索引擎优化推广主要需做好（　　）。
    A. 发布精美图文
    B. 根据内部排名规律制定关键词排列规则
    C. 尽量使用简单、短一些的关键词语

D. 上架的新商品命名多个关键词用空格隔开
32. 下列不是博客营销价值主要体现的是（　　）。
   A. 可以以更低的成本对读者行为进行研究
   B. 可以直接带来潜在用户
   C. 可以从媒体被动的发布信息
   D. 可以降低网站推广费用
33. 论坛签名营销可以借助别人的（　　）进行营销。
   A. 热帖　　　B. 置顶帖　　　C. 名帖　　　D. 话题营销帖
34. 完全相同以及商品的重要属性完全相同的商品，只允许使用一种出售方式（从一口价、拍卖中选择一个），发布一次。违反以上规则，即可判定为（　　），并将受到淘宝的相关处罚。
   A. 同质商品　　　B. 同款商品　　　C. 重复铺货　　　D. 重复发布
35. （　　）是指将 Internet 的丰富信息及先进的业务引入到移动电话等无线终端之中。
   A. WAP 营销　　　B. 微信营销　　　C. APP 营销　　　D. 博客营销
36. 网上市场调研的用户及消费者购买行为研究不包括（　　）。
   A. 研究用户的受教育程度　　　B. 研究用户的购买动机
   C. 研究用户的消费偏好　　　D. 调查新产品广告投放市场的效果
37. SET 是为了在互联网上进行在线交易时保证（　　）的安全而设立的一个开放的规范。
   A. 点对点的网上银行业务　　　B. 商业系统信息
   C. 物流信息　　　D. 信用卡支付
38. 在互联网发展的早期，搜索引擎多数是以（　　）方式表现的。
   A. 邮件索引　　　B. 全文检索
   C. 目录索引　　　D. 搜索页面
39. 下列不是网络广告特点的是（　　）。
   A. 覆盖率高　　　B. 不受时间限制
   C. 制作简单，成本低廉　　　D. 易于调整
40. 下列选项中属于按照物流作用分类的是（　　）。
   A. 第三方物流　　　B. 绿色物流
   C. 地区物流　　　D. 生产物流
41. 以下对我国网民学历结构描述不正确的是（　　）。
   A. 截止 2015 年 6 月，中国网民继续向低学历人群扩散
   B. 截止 2015 年 6 月，网民中个体户/自由职业者的占比较高
   C. 截止 2015 年 6 月，整体网民中小学及以下学历人群的占比较 2014 年有所下降
   D. 截止 2015 年 6 月，网民中学生群体占比最高
42. 远程支付是指消费者用手机进行支付时，支付的处理是在（　　）中进行的，

支付的信息需要通过移动网络传递到远程服务器中处理完成支付过程。
    A. 远程的服务器   B. 远程的服务商平台
    C. 移动支付服务商   D. 商户手机
43. 下列选项中属于画幅 120 相机的是（　　）。
    A. 尼康   B. 佳能
    C. 马米亚 RB67   D. 徕卡
44. 一个可以从事电子商务活动的环境能够被接受，它应满足的基本要求包括（　　）。
    A. 信息的保密性   B. 信息能够获取
    C. 信息的标准性   D. 交易的实时性
45. 下列说法正确的是（　　）。
    A. 电子商务安全协议中安全套接层协议（SSL）的作用是保障电子邮件的安全传输
    B. 电子商务系统组成成员包括认证中心、销售中心、配送中心
    C. 电子商务安全协议中安全超文件传输协议（SHTTP、HTTPS）的作用是保障 Web 网站之间通信信道的安全
    D. 电子商务系统框架结构中的传输层又称电子商务平台
46. 下列选项不是促使手机网民规模进一步增长的作用因素是（　　）。
    A. 移动上网设备的逐渐普及   B. 网络环境的日趋完善
    C. 移动互联网应用场景的日益丰富 D. 人们观念日益开放
47. 下列 IP 地址正确的是（　　）。
    A. 129.1.1.10   B. 172.31.255.257
    C. 255.255.0   D. 192.0.0.1
48. 选购拍摄商品的数码相机无须考虑的因素是（　　）。
    A. 数码变焦   B. CCD   C. 光学变焦   D. 像素
49. （　　）是登有广告，用于显示公司形象或标志的图像。
    A. 标识广告   B. 旗帜广告   C. 跳出广告   D. 按钮广告
50. 职业道德有三方面的特征，分别是（　　）。
    A. 范围上的单一性、内容上的强制性、形式上的有限性
    B. 范围上的多样性、内容上的不稳定性、形式上的单一性
    C. 范围上的有限性、内容上的稳定性和连续性、形式上的多样性
    D. 范围上的局限性、内容上的连贯性、形式上的广泛性
51. 下列说法错误的是（　　）。
    A. 快递时空运物品的包装要特别加强
    B. 对于液体物品还需要填充可以足够吸收所有液体的吸收物（布或棉花）
    C. 所有的内件物品先用塑料薄膜或塑料纸做一层包装
    D. 圆桶状物品的外包装不得长于内件
52. 下列说法不正确的是（　　）。
    A. 网银支付是利用各大网上银行进行支付，需要注册网上银行账户

B. 提供第三方电子支付服务的不是金融机构
C. 第三方支付让中国人真正享受到"百步之内，轻松支付"的便利生活
D. 移动支付具有随身、实时、快捷等特性，因此它具有广阔的发展前景

53. 淘宝供销平台成为分销商的 5 步曲包括：（1）申请招募，（2）发布商品，（3）上架销售，（4）挑选商品/商家，（5）等待审核，它们的正确顺序是（　　）。
    A. 14532　　　　B. 14523　　　　C. 41532　　　　D. 41523

54. 从网络安全威胁的承受对象看，下列选项中属于网络安全威胁来源的是（　　）。
    A. 对数据库的安全威胁　　　　B. 对交易客户的安全威胁
    C. 对交易双方的安全威胁　　　　D. 对交易平台的安全威胁

55. 网络营销的特点是（　　）。
    A. 滞后性、多媒体、跨时空　　　　B. 成本高、个性化、技术性
    C. 交互式、成长性、超前性　　　　D. 高效性、经济性、强制性

56. 产品图片是对产品的展示，是对产品文字描述进行补充，它既能够显示产品是什么样子，也能让客户看到产品的价值，因此合格的产品图片应该是（　　）。
    A. 保持网店的高效性，确保为客户保留充分的细节
    B. 应当把图像大小和分辨率设置得尽可能的高
    C. 根据模板颜色对商品色彩进行调整，以适合页面风格
    D. 颜色要突出，图片中增加详细的文字说明

57. 下列选项中不属于电子商务物流特征的是（　　）。
    A. 物流组织网络化　　　　B. 物流信息自动化
    C. 物流服务系列化　　　　D. 物流目标专业化

58. 关于网上市场调研方法的说法正确的是（　　）。
    A. 主动调查法，即调查者主动组织调查样本、完成统计调查的方法
    B. 被动调查法以 E-mail 方式为代表
    C. 网上间接调查一般只适合于针对特定问题进行专项调查，其中网上问卷调查法是最常用的方法
    D. 网上直接调查渠道主要有 WWW、新闻组、BBS、邮件列表等，其中 WWW 是最主要的信息来源

59. 下列关于 HTML 的说法错误的是（　　）。
    A. HTML 可以在各种不同的操作系统上使用
    B. HTML 是一种描述文档结构的语言
    C. HTML 文档的文件使用<document>…</document>这对标签，这对标签包含了文档的正式内容
    D. HTML 编辑器或文档编辑工具等都可以用来创建 HTML 文档

60. 淘宝账号与支付宝绑定步骤是：支付宝绑定设置—输入支付宝账号—（　　）—完成绑定。
    A. 输入接收验证码的手机号码确认
    B. 输入用户实名与身份证号确认

C. 输入支付宝账号登录密码确认

D. 输入淘宝账号登录密码确认

二、多项选择题（下列每题有四个选项，正确答案不止一个选项，请将正确选项代号填写在括号中。每题2分，共10题）

1. 电子商务安全的内容包括（　　）。
    A. 数据安全   B. 电子商务系统安全管理制度
    C. 商务交易安全   D. 计算机网络安全

2. 下列选项中属于现代物流发展趋势的是（　　）。
    A. 现代物流系统化趋势
    B. 现代物流信息化趋势
    C. 物流中心、批发中心、配送中心的分工趋势
    D. 仓储、运输的现代化与综合体系化趋势

3. 移动商务价值链的增值能力高于电子商务价值链的原因是（　　）。
    A. 范围大、方式灵活，吸引更多的参与者构建价值链
    B. 以灵活的方式整合增值资源，实现价值的最大化
    C. 以更人性化、更个性化的手段提供增值服务
    D. 以更创新的技术构建扩展型群组，更大规模吸纳商业智慧

4. 第三方支付的特点不包括（　　）。
    A. 第三方支付平台提供一系列的应用接口程序，将多种银行卡支付方式整合到一个界面上
    B. 第三方支付平台不利于打破银行卡间的壁垒
    C. 担保交易服务可以消除人们对网络交易的顾虑
    D. 不能为卖家提供更多的增值服务

5. 下列说法正确的是（　　）。
    A. 图片是网店的灵魂，优质宝贝图片是网店的基础
    B. 一张好的图片是吸引买家点击和购买的最重要因素
    C. 有冲击力的高品质产品图片能大大提升目标客户购买欲望，尽管产品自身品质没有改变
    D. 卖家都是通过网店中的产品图片来直观感受产品质量和网店形象

6. 整个无线网络系统通常由（　　）等部分组成。
    A. 通信网络   B. 服务器   C. 移动终端   D. 服务平台

7. 开设网店需要购置一些硬件设备，下列选项中属于必备硬件的是（　　）。
    A. 计算机   B. 相机和打印机
    C. 汽车   D. 网络设备

8. 从业人员诚实守信的具体要求包括（　　）。
    A. 忠诚所属企业   B. 树立产品质量意识
    C. 关心企业发展   D. 提高职业技能

9. 下列属于常见的、有效的论坛营销方法的是（　　）。

A. 经验分享类帖子给论坛带来人气
B. 把帖子尽量缩短
C. 论坛签名营销
D. 在论坛上坚持使用同一角色，逐渐引导说明某个商品、服务很好
10. 从网络新闻的发展状况来看，主要呈现为（　　）。
A. 新闻入口多样化　　　　　　　　B. 新闻渠道规范化
C. 内容推荐精准化　　　　　　　　D. 内容推荐丰富化

三、判断题（将判断结果填入括号中，正确的填"√"，错误的填"×"。每题 1 分，共 20 题）

1. G3 和 3G 的含义是一样的。（　　）
2. 选择防病毒软件时要考虑用户的使用条件及应用环境。（　　）
3. 目前，电子商务涉及的法律问题有在线不正当竞争与网上无形财产保护问题。（　　）
4. 电子商务较之传统商业具有全天时营业、增加商机和方便客户的特点。（　　）
5. 密码是通过数学函数来实现的。（　　）
6. 信息的保密性是指信息不能被未经授权的人获取。（　　）
7. 不附带任何商业广告是电子邮件的基本因素之一。（　　）
8. 公平竞争是维持市场经济秩序的基本原则。（　　）
9. 坚持办事公道，要努力做到有求必应。（　　）
10. 阿里巴巴国际站的搜索排名是时时更新的。（　　）
11. IPV4 采用 32 位地址长度，而 IPV6 采用 128 位地址长度，所以 IPV6 协议是 IPV4 可容纳的入网终端的 4 倍。（　　）
12. 注册淘宝时填写的邮箱地址就是你的支付宝账号。收到激活邮件，激活淘宝，在"我的淘宝"里设置支付宝登录密码和支付密码。（　　）
13. 广义的跨境电商，不仅包含 B2B，还包括 B2C；不仅包括跨境电商 B2B 中通过跨境交易平台实现线上成交的部分，还包括跨境电商 B2B 中通过互联网渠道线上进行交易撮合线下实现成交的部分。（　　）
14. 提供某个特定的细节或对其质地进行说明会有助于增加客户下订单的信心。（　　）
15. 网络营销呈现的特点包括滞后性。（　　）
16. 网上折价促销商品的价格一般比传统购物场所的促销价格要低。（　　）
17. 网络广告是指以扫描图片为载体，采用先进的电子多媒体技术设计制作，通过互联网广泛传播，具有良好的交互功能的广告形式。（　　）
18. 浏览器是标准的互联网访问工具，无论使用什么操作系统，访问哪个国家的网站，都可以借助浏览器完成。（　　）
19. 在网店上产品图片是对产品的展示，是对产品文字描述进行补充，它能够显示产品是什么样子，让客户看到产品的价值，因此产品图片的质量就很重要。（　　）
20. 安装了防毒软件就可以完全防止病毒侵害。（　　）

理论知识考试模拟试卷（一）答案

一、单项选择题

1	2	3	4	5	6	7	8	9	10
C	D	A	D	A	D	B	B	C	D
11	12	13	14	15	16	17	18	19	20
B	C	D	D	D	A	B	C	C	B
21	22	23	24	25	26	27	28	29	30
B	B	C	C	B	A	D	D	D	D
31	32	33	34	35	36	37	38	39	40
D	B	C	B	D	A	D	C	B	B
41	42	43	44	45	46	47	48	49	50
C	C	D	C	A	D	B	A	D	C
51	52	53	54	55	56	57	58	59	60
D	B	A	D	B	D	D	C	C	C

二、多项选择题

1	2	3	4	5	6	7	8	9	10
ABC	AC	AD	AB	CD	ACD	AD	ACD	BC	ABC

三、判断题

1	2	3	4	5	6	7	8	9	10
√	×	×	×	×	×	×	×	×	√
11	12	13	14	15	16	17	18	19	20
×	√	√	√	√	√	√	×	×	√

理论知识考试模拟试卷（二）答案

一、单项选择题

1	2	3	4	5	6	7	8	9	10
B	D	A	D	D	A	C	D	B	D
11	12	13	14	15	16	17	18	19	20
A	C	C	A	A	D	A	B	D	C
21	22	23	24	25	26	27	28	29	30
A	D	B	D	C	B	D	C	B	B
31	32	33	34	35	36	37	38	39	40
C	B	D	A	A	C	D	B	A	A
41	42	43	44	45	46	47	48	49	50
D	A	D	A	D	D	D	A	D	C
51	52	53	54	55	56	57	58	59	60
A	B	C	B	A	C	D	B	C	C

二、多项选择题

1	2	3	4	5	6	7	8	9	10
ABD	CD	ABD	ABCD	BCD	BCD	ABD	ABC	ABCD	AB

三、判断题

1	2	3	4	5	6	7	8	9	10
×	×	×	√	√	√	×	√	×	√
11	12	13	14	15	16	17	18	19	20
√	×	×	√	√	×	×	√	√	×

理论知识考试模拟试卷（三）答案

一、单项选择题

1	2	3	4	5	6	7	8	9	10
D	D	A	C	B	C	C	A	D	B
11	12	13	14	15	16	17	18	19	20
D	B	A	B	A	D	C	D	A	A
21	22	23	24	25	26	27	28	29	30
D	C	A	A	D	B	C	A	B	D
31	32	33	34	35	36	37	38	39	40
B	C	A	D	A	D	D	C	A	D
41	42	43	44	45	46	47	48	49	50
C	A	C	A	B	D	A	A	A	C
51	52	53	54	55	56	57	58	59	60
D	C	D	A	C	A	D	A	C	C

二、多项选择题

1	2	3	4	5	6	7	8	9	10
BCD	ABD	ABCD	BD	ABC	ACD	ABD	ABC	AC	AC

三、判断题

1	2	3	4	5	6	7	8	9	10
×	√	√	√	√	√	×	×	×	√
11	12	13	14	15	16	17	18	19	20
×	√	√	√	√	√	×	√	√	×

第三部分　操作技能考核试题

一、一里营平台①助理电子商务师技能操作练习

● 一里营平台技能操作模拟考试及评分（一）

试题1　网上商店开设与设置

浙江省杭州淑香嫒服饰有限公司打算在一里营商城平台开设一家网店，由公司电子商务主管马雨负责，公司注册网店的资料如下：

用户名：杭州淑香嫒服饰有限公司；密码：123456；店铺名称：杭州淑香嫒服饰有限公司；店铺等级：初级店铺；店铺类别：企业；分站：全国站；主营：女装；厂址：浙江省温州市平阳县瑞鸟电商创业园内7号楼；手机号码：13536281139；身份证号：440123198910053124（身份证正反面图片在下载资料中）；营业执照注册号：440386108367214（营业执照图片在下载资料中）；营业执照到期时间：2020-03-10。

马雨有用于网店的一个银行账户，资料如下：

银行账户名称：账号：6202224539874539881；开户行：中国工商银行浙江省温州市支行。

用于网店的支付宝账号，资料如下：

用户名：sxy；密码：sxy124；支付密码：sxy1139。

网店设置要求如下：

商品分类：连衣裙、针织衫、裤子、衬衫；分类是否前台显示：是；

店铺QQ客服名称：小雨；店铺QQ客服号码：58102662；客服前台显示：是；

消费者保障服务：七天保修、真品；

网店账号的安全等级：高级。

---

①　一里营模拟仿真电子商务实操考试平台，是广东省电子商务技师学院开发的B2B2C多城市多用户多应用网上商城模拟仿真考试平台。平台集成了仿真电子商务网上商城、仿真第三方支付平台、虚拟网络银行系统、仿真移动支付平台、仿真微信系统、仿真网页邮件系统、仿真搜索引擎系统等七大主流应用实操模块。平台基于B/S模式，采用开放性结构，满足电子商务网上考试、网上实操需求。该系统应用新的网络考试技术，灵活性强，安全性能高，真正实现高效、安全、便捷的电子商务专业技能水平等级考试和实操训练。

请你使用上述资料替马雨主管完成网店开设并按要求设置好网店。

操作指导与评分点：

1. 按题目要求完成开店操作后，打开"我是卖家"页面，提交的店铺信息页面如图3—1所示。

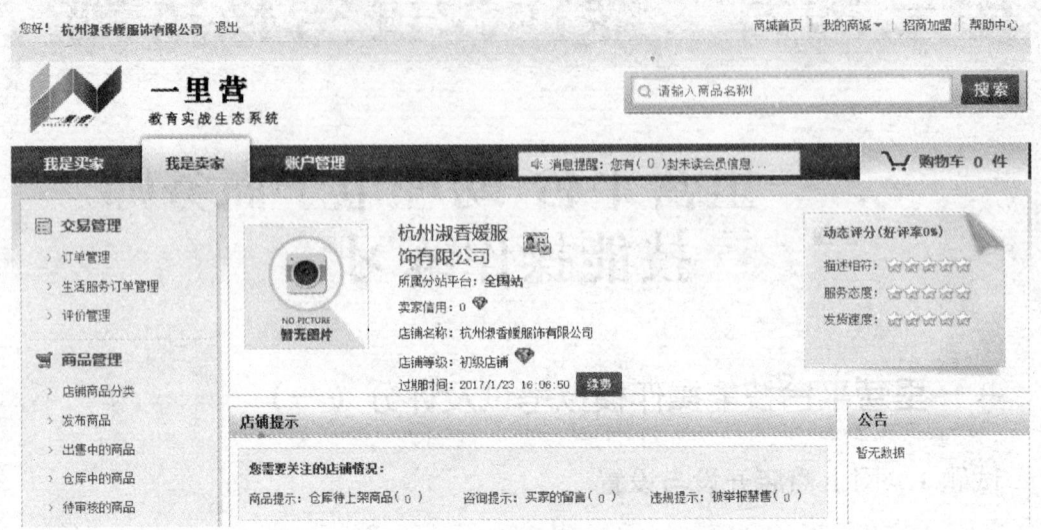

图3—1 店铺信息页面

评分点：

1. 注册名：杭州淑香媛服饰有限公司
2. 店铺等级：初级店铺

2. 打开店铺商品分类页面并提交，如图3—2所示。

图3—2 店铺商品分类页面

第三部分 操作技能考核试题

评分点：

1. 分类名称：连衣裙
2. 分类名称：针织衫
3. 分类名称：裤子
4. 分类名称：衬衫

3. 打开客服列表页面并提交，如图3—3所示。

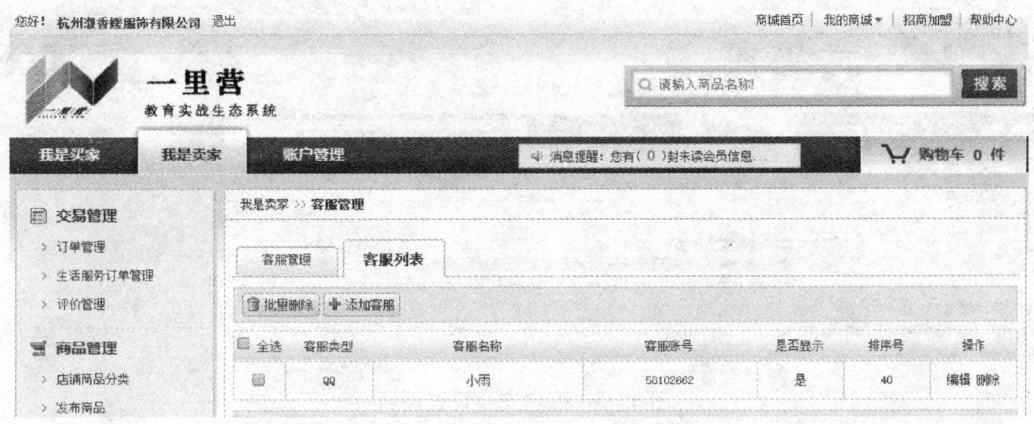

图3—3 客服列表页面

评分点：

1. 设置客服类型为QQ
2. 设置客服名称为小雨
3. 设置客户账号为58102662
4. 设置客服账号为前台显示

4. 打开消费者保障页面并提交，如图3—4所示。

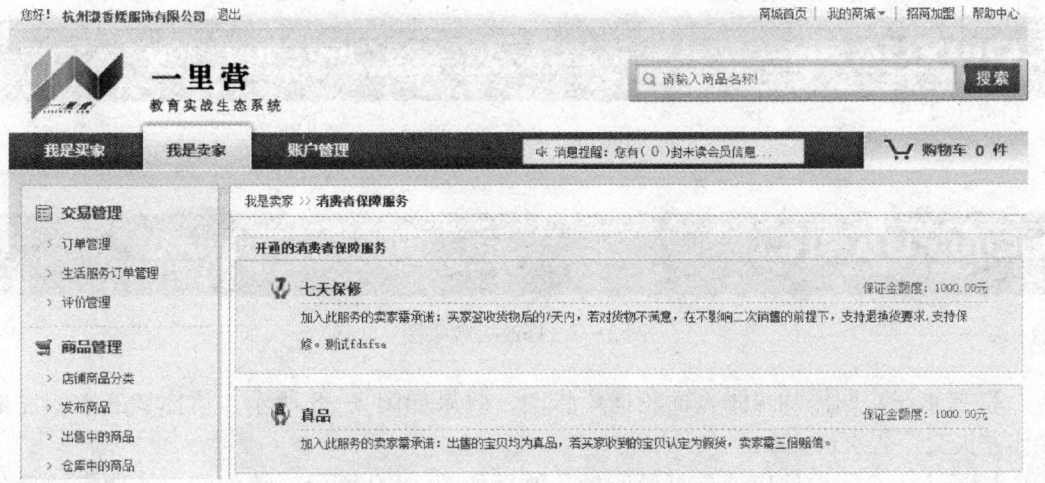

图3—4 消费者保障页面

评分点：

1. 消费者保障：七天保修
2. 消费者保障：真品

5. 打开账户安全设置页面并提交，如图3—5所示。

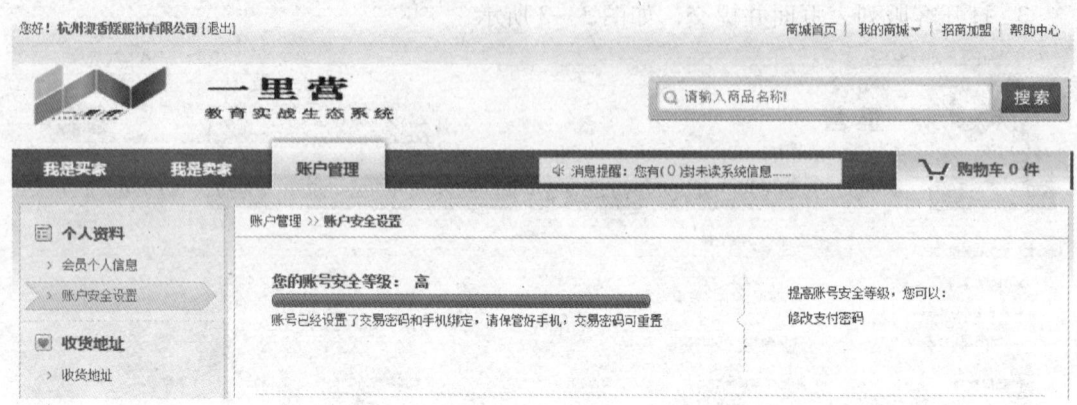

图3—5 账户安全设置页面

评分点：

1. 用户名：杭州淑香媛服饰有限公司
2. 账号安全等级：高

试题2　网店装修

1. 公司电子商务主管马雨找到美工设计部的王小明，要求他设置店铺的店招（见图3—6），请你替王小明完成设置并提交（效果如图3—7所示）。

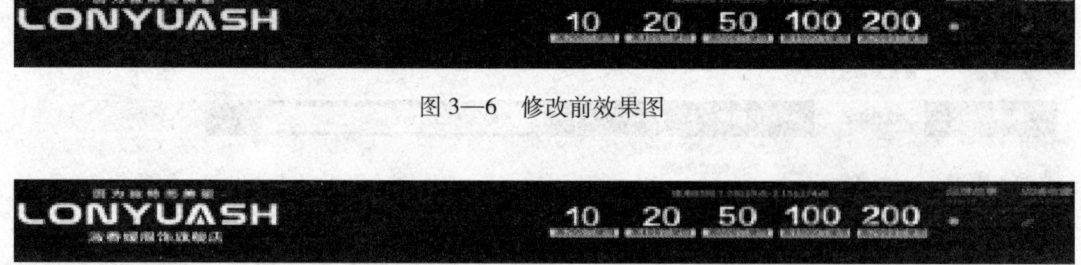

图3—6 修改前效果图

图3—7 修改后效果图

2. 要求王小明添加4张页面轮播广告图，效果如图3—8所示，请你替王小明完成操作并提交广告页面。

3. 要求王小明设置店铺首页导航栏，效果如图3—9所示，请你替王小明完成操作后打开前台导航栏页面并提交。

图 3—8　页面轮播广告

图 3—9　店铺首页导航栏

4. 为了能够吸引更多的客户，王小明为店铺添加店铺介绍，内容如下："欢迎光临本店，本店新开张，诚信经营，只赚信誉不赚钱，谢谢。"要求王小明将字体设置为 H2、红色、居中，请你替王小明完成设置并提交（效果如图 3—10 所示）。

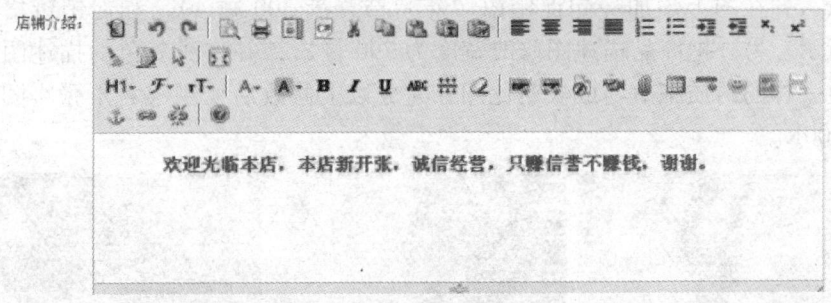

图 3—10　设置店铺介绍

评分点：

1. 设置字体为 H2
2. 设置字体为红色
3. 字体居中对齐

试题 3　商品拍摄与图片处理

1. 紧接上题，客户李红拿了衣服样品来公司拍摄商品图，电子商务部马雨主管打开客户发来的样图给美工设计部的王小明参考。王小明看后选了其中一幅图，这幅图（见

图3—11）采用了（　　）构图法。

　　A. 黄金分割法　　B. 均分法　　C. 三分法　　D. 疏密相间法

2. 王小明根据马主管的要求需要对客户李红的商品进行拍摄，拍摄了衣服的细节（见图3—12），构图方式采用了（　　）。

　　A. 黄金分割法　　B. 三分法　　C. 远近明暗法　　D. 均分法

图3—11　马雨主管给的样图　　　　　图3—12　衣服细节图

3. 王小明把衣服商品图按要求拍摄完成后，需要进行图片处理。他把图片交给了组员周宏伟，要求：制作5张400像素的正方形主图并加上店铺LOGO，第一张主图要求为白色背景，并在图上添加一句促销语"年货节，满300减40"和促销价格，效果如图3—13所示。另外把商品描述图修改宽度为790像素，并将浅灰色的描述图更改为一幅如墨绿色一样的材质细节与成衣对比图，完成以上修改后切割成若干张小图，每张图片不大于100K。

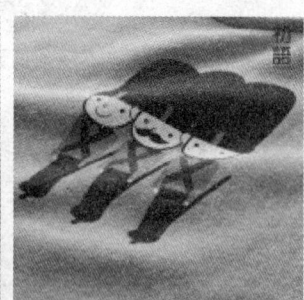

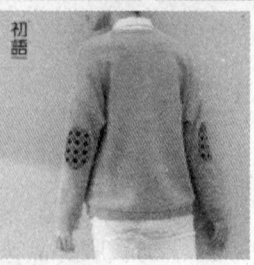

图3—13　主图参考效果图

描述材质细节与成衣对比图参考效果如图3—14所示。

图3—14 材质细节与成衣对比图

评分点：

1. 商品背景处理

2. 图片大小调整与切割

3. 图片抠图与制作

4. 图片加水印与促销语

试题4 商品发布与管理

公司商品编辑主管刘东发布货号为8540521801j的包邮女装商品，商品信息如下：

商品名称：小锡兵印花宽松抓绒卫衣；货号：8540521801j；商品分类：女装＞针织衫分类；市场价：300元；商品类别：促销；颜色：米白、绿色、浅蓝；库存：米白100件、绿色200件、浅蓝200件；店内商品分类：针织衫；商品发布：立即发布。

价格设定为商品市场价的90%，商品图片在下载资料包"时尚女装商品1"中，其他参数可参考商品描述图，选择合理填写。

发布完成后使用淘宝数据包"时尚女装数据包1.zip"中商品数据作为新品导入到店铺的连衣裙分类并全部上架，邮费设置为快递10元、EMS15元。

之后在店铺的商品分类中增加"羽绒服"，并把"Homi+ 粉色茧型钉珠羽绒服 复合空气层网布印花 秋冬新款女"更改到羽绒服分类。

请你替刘东完成以上商品发布与管理操作。

操作指导与评分点

1. 打开"出售中的商品"页面（见图3—15）并提交。

图 3—15 "出售中的商品"页面

评分点：

1. 货号：8540521801j 商品
2. 店铺商品分类：针织衫
3. 商品名称"Homi+粉色茧型钉珠羽绒服 复合空气层网布印花 秋冬新款女"的店铺商品分类：羽绒服

2. 打开货号为 8540521801j 的女卫衣编辑页面（见图 3—16）并提交。

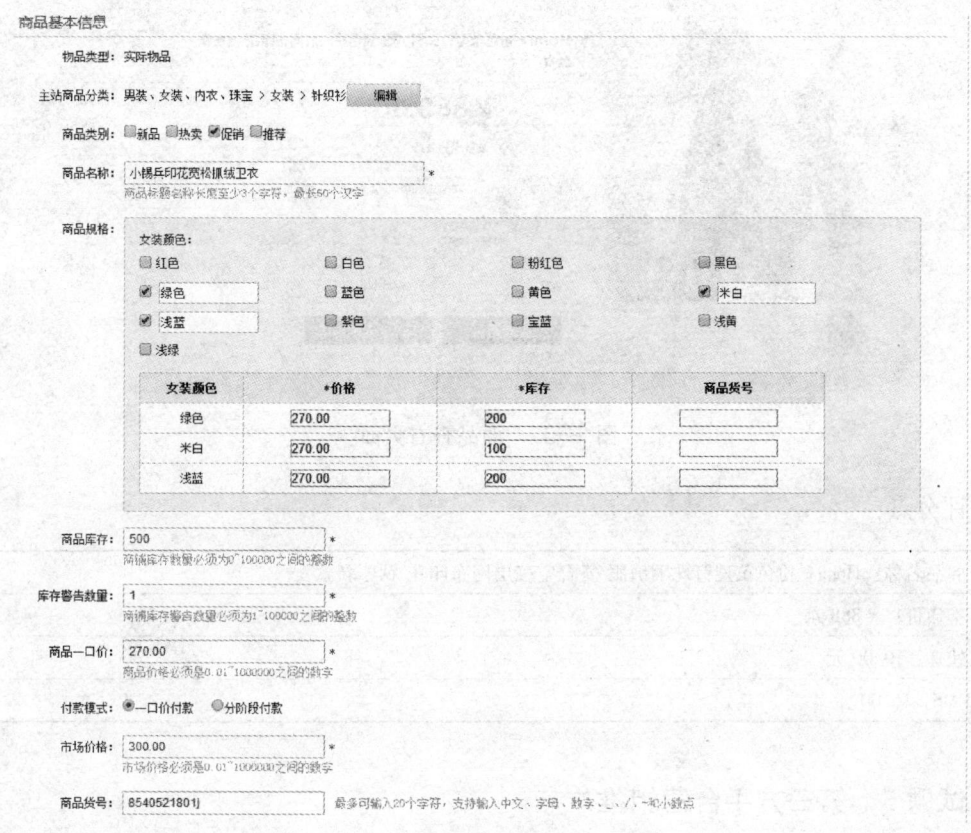

图3—16 商品编辑页面

评分点：

1. 主站商品分类：女装>针织衫
2. 商品类别：促销
3. 商品名称：小锡兵印花宽松抓绒卫衣
4. 颜色：绿色
5. 颜色：浅蓝
6. 颜色：米白
7. 商品库存：500
8. 商品一口价：270.00
9. 市场价格：300.00
10. 商品货号：8540521801j
11. 店铺商品分类：针织衫

3. 打开名称为"Homi+ 粉色茧型钉珠羽绒服 复合空气层网布印花 秋冬新款女"的商品查看页面（见图3—17），并提交。

图 3—17 商品查看页面

评分点：

1. 商品名称：Homi+ 粉色茧型钉珠羽绒服 复合空气层网布印花 秋冬新款女
2. 本店价：￥888 元
3. 快递：10.00 元
4. EMS：15.00 元

试题 5　第三方平台营销推广

公司网店推广主管王飞要对网店中货号为 8540521801j 的卫衣进行营销推广，请你替王飞完成营销推广工作。

1. 为了能够在搜索结果中排名较前，在商品编辑中添加关键词，以下四组中最合适的一组关键字是（　　）。

　　A. 卫衣、包邮、印花、淑香媛
　　B. 宽松、抓绒、淑香媛、新款
　　C. 淑香媛、秋冬装、大码、抓绒
　　D. 春季新品、小锡兵、印花、卫衣

2. 在商品标题中输入以下四组中最合适的一组是（　　），并将类目设置到契合度更高的卫衣分类中。

　　A. 2015 文艺范冬季新款大码宽松抓绒（每个 ID 限购 5 件）
　　B. 秋冬女装新款学院风清新宽松上衣
　　C. ［春上新］淑香媛 2016 春季新品 小锡兵印花宽松抓绒卫衣女上衣
　　D. 春季新款 小锡兵印花宽松抓绒卫衣

3. 申请直通车推广，把货号为 8540521801j 的商品发布在全国站，预交金额 600 元，开始时间设置为明天 9：00 开始。

4. 发布限时折扣，活动名称：春上新限时 5 折。开始时间设置为下个月 1 日 8：00 至 10 日 8：00，并选择货号为 8540521801j 的商品为折扣活动的商品，发布该活动。

操作指导与评分点

1. 打开商品编辑页面（见图 3—18）并提交。

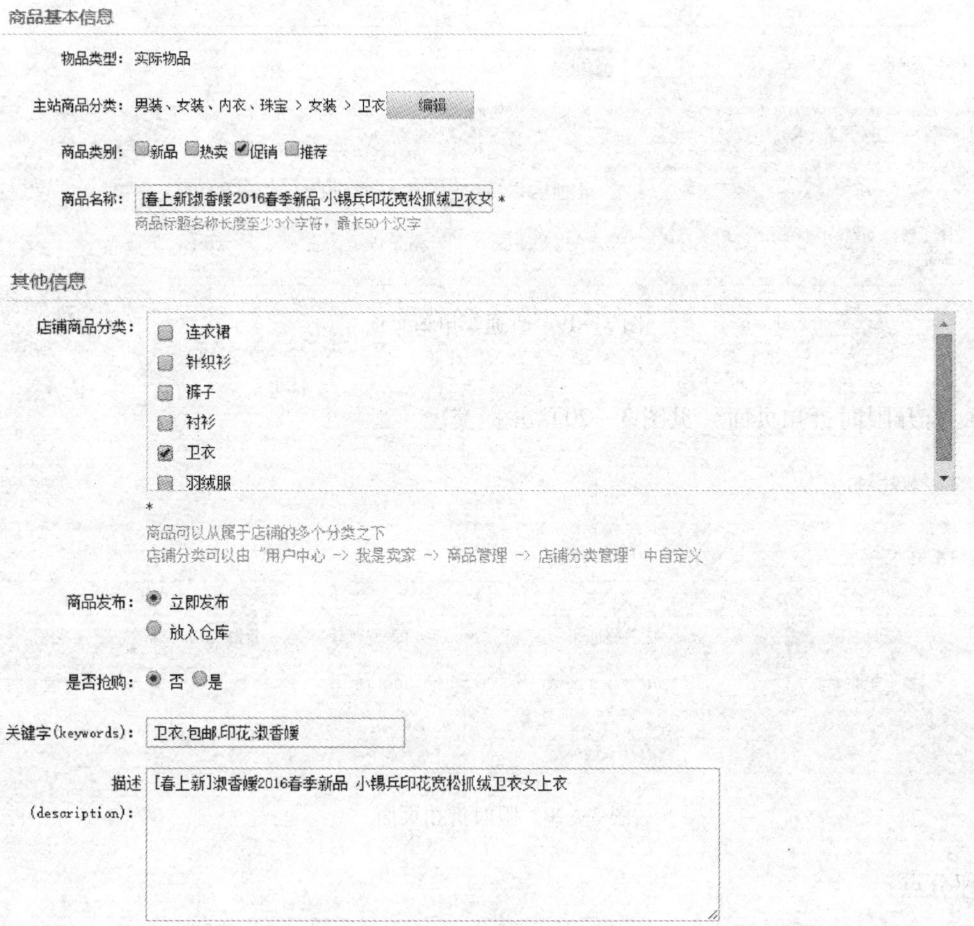

图 3—18　商品编辑页面

评分点：

1. 商品标题：［春上新］淑香嫒 2016 春季新品 小锡兵印花宽松抓绒卫衣女上衣
2. 关键字：卫衣、包邮、印花、淑香嫒
3. 店铺商品分类：卫衣

2. 打开直通车申请页面（见图 3—19）并提交。

评分点：

1. 预交金额：600
2. 开始时间：9：00
3. 商品名称：［春上新］淑香嫒 2016 春季新品 小锡兵印花宽松抓绒卫衣女上衣

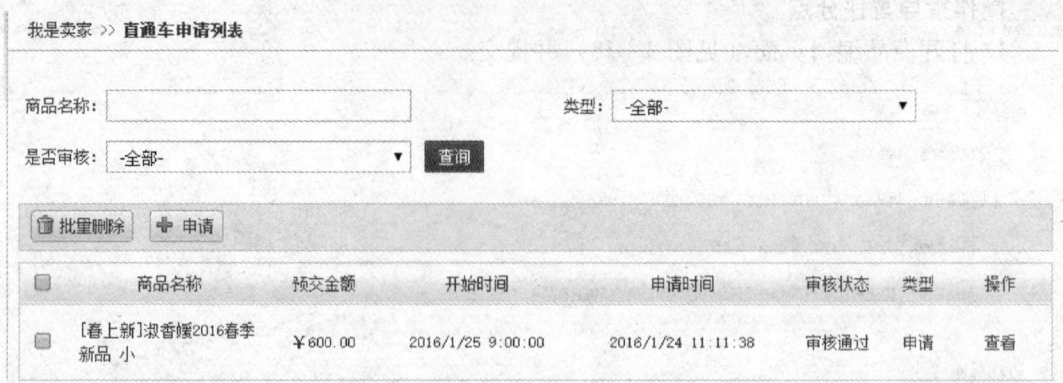

图 3—19　直通车申请页面

3. 打开限时折扣页面（见图 3—20）并提交。

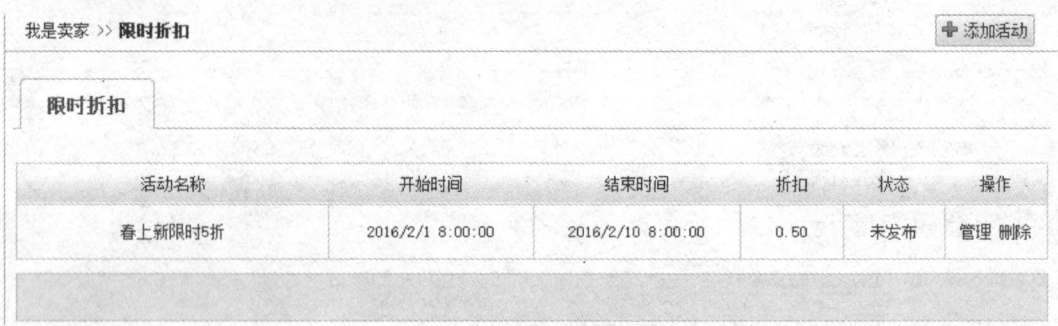

图 3—20　限时折扣页面

评分点：

1. 活动名称：春上新限时 5 折
2. 开始时间：1 日 8：00
3. 结束时间：10 日 8：00
4. 折扣：0.50

试题 6　网上购物与安全支付

1. 黄磊是网购新手，为了能更好地保护计算机免受病毒木马的侵害，你给他的合理建议是（　　）

　　A. 尽量多安装几种查杀毒软件以便更好地保护计算机
　　B. 杀毒软件应该一开机就启动以便更好地保护计算机
　　C. 杀毒软件需要经常联网升级才能更有效防范病毒
　　D. 只需要开启查杀毒软件对可执行文件的实时监控即可

2. 请你替黄磊完成网上支付的相关准备工作。首先在网络银行注册一个个人账户，资料如下：开户人：黄磊；身份证号码：440923199710010282；查询密码：hl265；支付密码：huanglei&265；初始资金：10 000 元。

注册成功后登录网络银行，并提交页面（见图 3—21）。

图 3—21　网络银行登录后页面

评分点：

用户名：黄磊

3. 请你替黄磊在第三方支付平台注册一个账号并绑定在网络银行申请的银行卡，第三方支付平台资料如下：用户名：huanglei；密码：hl265；支付密码：huanglei&265；身份证号：440923199710010282。

登录第三方支付平台并提交页面（见图 3—22）。

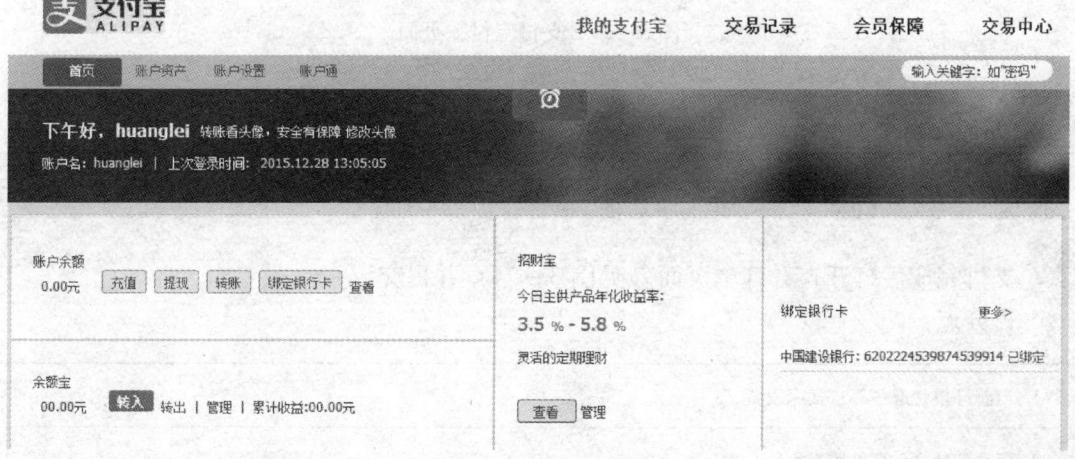

图 3—22　第三方支付平台登录后页面

评分点：

1. 用户名：huanglei

2. 绑定银行卡：已绑定

4. 请你替黄磊在一里营商城选购羽绒服。使用用户名：huanglei，密码：yiliwin，登录一里营电商平台，找到杭州淑香媛服饰有限公司开设的店铺，购买一件羽绒服，收货信息为：广州市天河区中山大道950号，邮编：510665，收货人：黄磊，电话：020-82372533，手机号码：18998308888。

购买羽绒服后用第三方平台支付，选择用支付宝付款，输入支付宝支付密码后提交页面（见图3—23）。

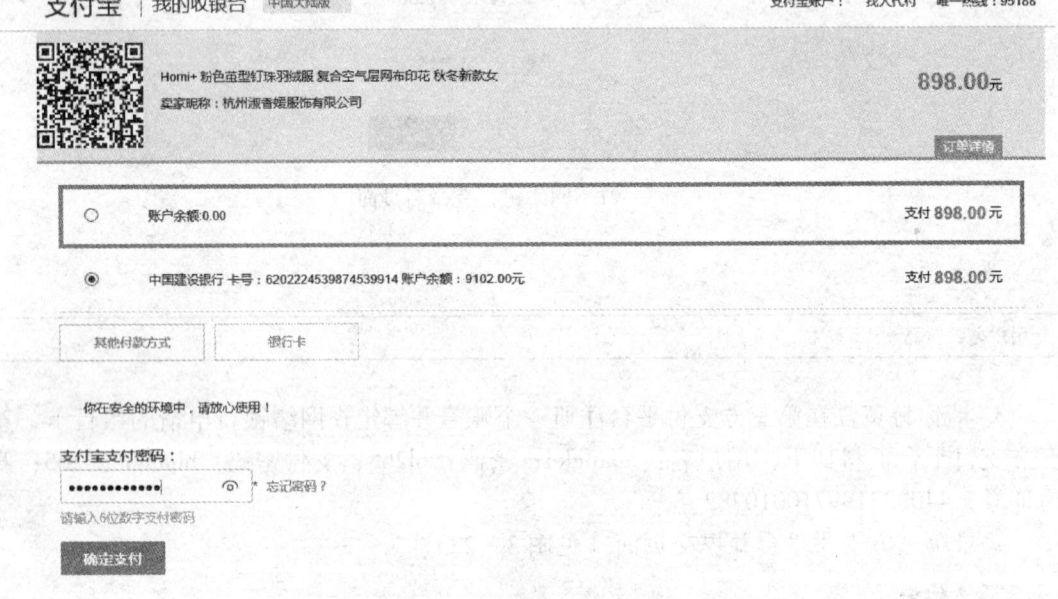

图3—23 支付宝付款页面

评分点：

支付方式：支付宝

支付完成后打开查看订单页面（见图3—24）并提交。

评分点：

1. 当前订单状态：等待卖家发货

2. 商品名包含：羽绒服

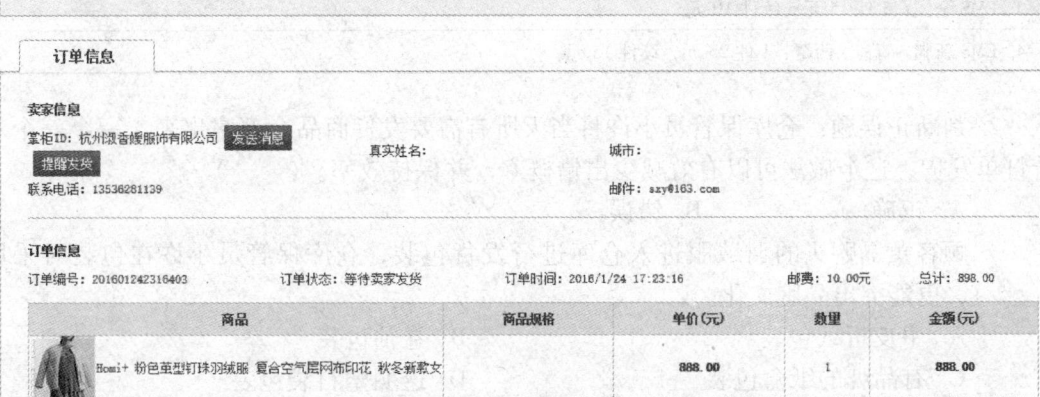

图 3—24　查看订单页面

试题 7　物流配送管理

1. 物流主管李云为了便于物流管理，需要在店铺管理中设置邮费模板，请你替他完成相关操作。设置邮费模板名称为"小件商品运费模板"，按件数计费，快递：默认 1 件为 8 元，每增加一件加 0 元；运送到浙江省、江苏省、上海市，1 件为 7 元，续件为 0 元。EMS：默认 1 件为 15 元，每增加一件加 10 元；运送到新疆维吾尔自治区、青海省、西藏自治区 1 件为 25 元，续 1 件为 15 元。设置完成后提交邮费模板页面，如图 3—25 所示。

运送方式	运送到	首件(个)	首费(元)	续件(个)	续费(元)
快递	全国	1	8	1	0
快递	浙江省、江苏省、上海市	1	7	1	0
EMS	全国	1	15	1	10
EMS	新疆、青海省、西藏	1	25	1	15

图 3—25　邮费模板页面

评分点：

1. 快递全国：1 件 8 元
2. 快递浙江、江苏、上海：1 件 7 元
3. EMS 全国：1 件 15 元，续件 10 元
4. EMS 新疆、青海、西藏：1 件 25 元，续件 15 元

2. 判断正误题：仓库保管员小许将当天所有需要发货商品全部拿出来，一个一个对着订单发货，这个做法可以有效减少出错概率，并保持效率。（　　）

  A. 正确　　　　　　　B. 错误

3. 顾客黄磊购买的羽绒服进入仓库进行发货包装，仓库保管员小许在包装时采用（　　），更能突出品牌文化。

  A. 牛皮折纸包装　　　　　　　B. 卷轴包装
  C. 有品牌的纸盒包装　　　　　D. 透明塑料袋包装

4. 为了更好地提高客户满意度，提高客服处理售后的效率，下列物品中小许需要放进包裹当中的是（　　）。

  A. 发货单　　　B. 快递单　　　C. 退货单　　　D. 明细单

试题 8　网络推广

1. 公司网店推广主管张亮使用电子邮件推广产品，请你替他完成相关工作。将杭州淑香媛服饰有限公司的羽绒服，推广给老客户 zhangcong@qq.com。注册邮箱并为该产品撰写一封电子邮件，发送成功后打开已发送邮件页面并提交。

评分点：

1. 标题能够体现邮件内容精华，长度适中（8~20 个汉字），能够吸引用户点击
2. 邮件内容满足推广要求，文字表述清晰简练，能够促进用户点击、购买

2. 请你替张亮继续在论坛推广，在论坛中发布一个帖子，引导受众造访杭州淑香媛服饰有限公司的羽绒服。将设计了标题和内容的帖子发布后，打开该帖子并提交。

评分点：

1. 标题具有诱惑力，能够吸引用户点击
2. 帖子内容满足推广要求，通过信息或知识分享引入推广内容而非直白广告，文字表述清晰

3. 张亮要利用微博分享杭州淑香媛服饰有限公司的羽绒服，请你替张亮设计一条简短的微博。

评分点：

微博内容满足营销要求，以爆料或热点评论等形式引入宣传内容而非直白广告，文字表述清晰简练

4. 张亮也想在自己的博客上发一篇博文，间接宣传杭州淑香媛服饰有限公司的羽绒

服,请你替他设计一篇博文(含标题和内容)。
评分点:

1. 标题能够体现博文内容精华,具有营销导向,能够吸引用户点击
2. 博文内容满足营销要求,通过信息或知识分享引入宣传内容而非直白广告,文字表述清晰

5. 谢明是某电子商务网站的业务主管,该电子商务网站的旗帜广告 CPM 报价为 420 元,若 2015 年该广告的实际收视为 55 万人次,广告主应付谢明公司的广告费是(　　)元。

A. 231 000 000　　　B. 231 000　　　C. 231　　　D. 2 310 000

试题 9　搜索引擎营销

杭州淑香媛服饰有限公司是一家主要经营韩版女装、连衣裙、半裙、打底衫、针织衫、裤子、衬衫、牛仔系列的服饰公司。公司有自己的网站,但销售量一直上不去。马雨是公司电子商务部主管,打算利用百度搜索引擎进行关键词推广,通过搜索引擎提高公司网站流量,提高网站知名度,从而增加销售量。请你替马雨完成相关操作,在百度注册账号信息如下:用户名:马雨;密码:123456;余额:1 000 元。

搜索引擎管理员登录管理后台信息如下:账号 admin;密码:123456。

操作指导与评分点

1. 注册登录搜索引擎后,打开添加创意信息页面(见图 3—26)并提交。

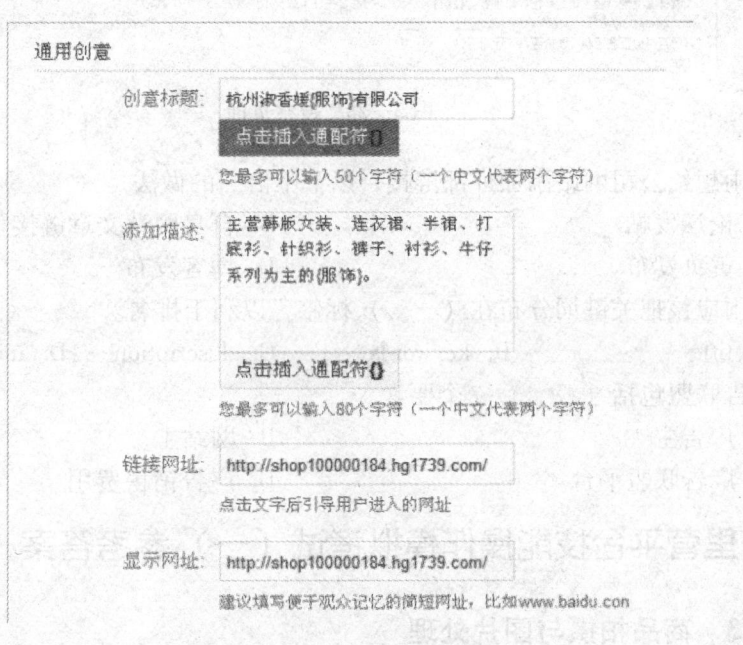

图 3—26　添加创意信息页面

2. 根据创意信息，选择"服饰"作为关键词，出价 100 元，打开添加关键词页面（见图 3—27）并提交。

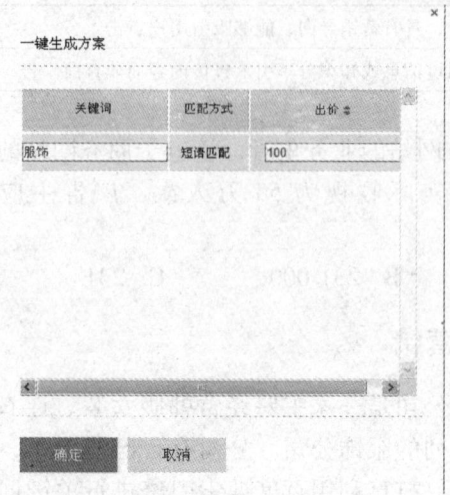

图 3—27 添加关键词页面

3. 打开搜索主页面，搜索出与关键词相匹配的信息并提交（见图 3—28）。

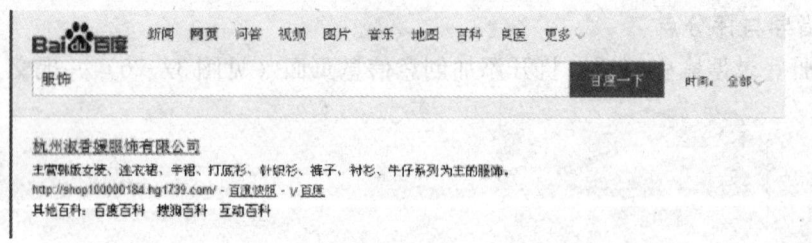

图 3—28 搜索页面

4. 马雨想给公司网站添加外部链接，以下不恰当的做法是（　　　）。
   A. 论坛发帖　　　　　　　　B. 自身网站文章链接
   C. 黄页发布　　　　　　　　D. 博客发布
5. 马雨应该把关键词分布在（　　）标签，以利于排名。
   A. title　　　　B. keywords　　　　C. description　　D. img
6. 广告联盟包括（　　）三个要素。
   A. 广告主　　　　　　　　　B. 网站主
   C. 广告联盟平台　　　　　　D. 广告销售费用

● 一里营平台技能操作模拟考试（一）参考答案

试题 3 商品拍摄与图片处理

1. B　　　　　　2. AC

试题 5　第三方平台营销推广

1. A　　　　　　　2. C

试题 6　网上购物与安全支付

1. BC

试题 7　物流配送管理

2. B　　　　　　　3. C　　　　　　　4. C

试题 8　网络推广

5. B

试题 9　搜索引擎营销

4. B　　　　　　　5. ABC　　　　　　6. ABC

● 一里营平台技能操作模拟考试及评分（二）

试题 1　网上商店开设与设置

广东省广州市尚都皮具有限公司打算在一里营商城平台开设一家网店，由公司的电子商务主管张雨负责，公司注册网店的资料如下：

用户名：尚都皮具有限公司；密码：123456；店铺名称：尚都皮具有限公司；店铺等级：高级店铺；店铺类别：企业；分站：全国站；主营：皮鞋；厂址：广东省广州市花都区狮岭岭南工业园工业二街102号；手机号码：15936281129；身份证号：440824199506184935（身份证正反面图片在下载资料中）；营业执照注册号：4406346108364279（营业执照图片在下载资料中）；营业执照到期时间：2020-05-10。

张雨有用于网店的一个银行账户，资料如下：

银行账户名称：账号：6202114539874539331；开户行：中国工商银行广东省广州市花都支行。

用于网店的支付宝账号，资料如下：

用户名：sdpj；密码：sdpj102；支付密码：sdpj958。

网店设置的要求如下：

商品分类：商务正装、商务休闲、潮流时尚、促销专区；分类是否前台显示：是；

店铺QQ客服名称：小雨；店铺QQ客服号码：224684862；客服前台显示：是；

消费者保障服务：平价、无忧退货；

网店账号的安全等级：高级。

请你替张雨使用上述资料完成网店开设并按要求设置好网店。

操作指导与评分点

1. 打开"我是卖家"页面（见图3—29）并提交。

图3—29 "我是卖家"页面

评分点：

1. 注册名：尚都皮具有限公司
2. 店铺等级：高级店铺

2. 打开店铺商品分类页面（见图3—30）并提交。

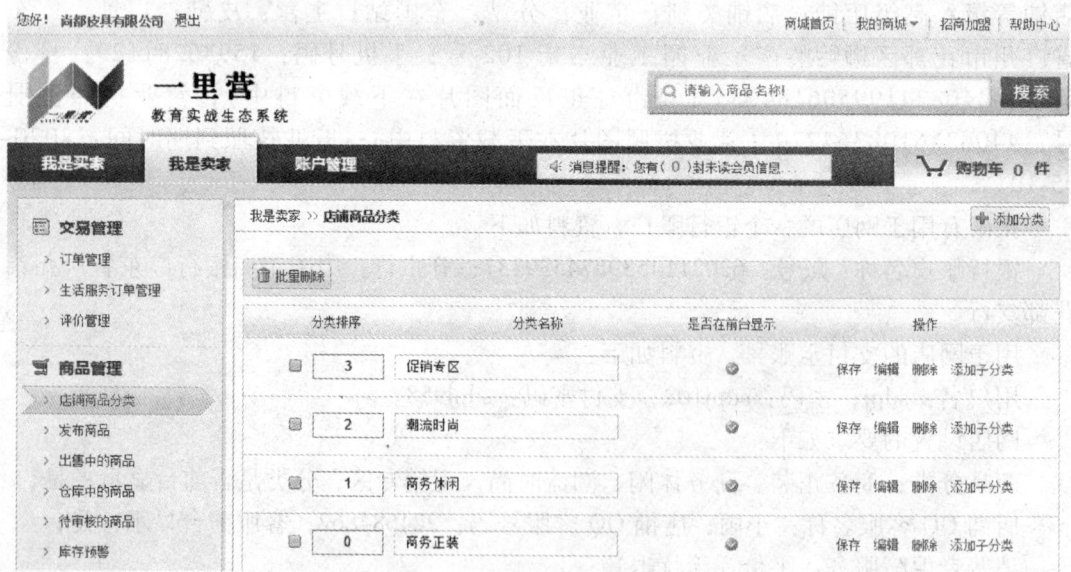

图3—30 店铺商品分类页面

评分点：

1. 分类名称：商务正装
2. 分类名称：商务休闲
3. 分类名称：潮流时尚
4. 分类名称：促销专区

3. 打开客服列表页面（见图3—31）并提交。

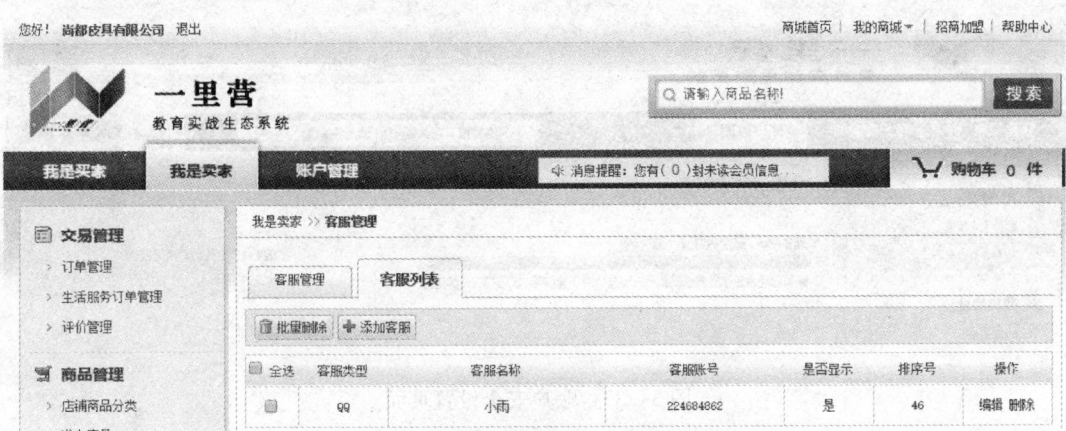

图3—31　客服列表页面

评分点：

1. 设置客服类型为QQ
2. 设置客服名称为小雨
3. 设置客户账号为224684862
4. 设置客服账号为前台显示

4. 打开消费者保障页面（见图3—32）并提交。

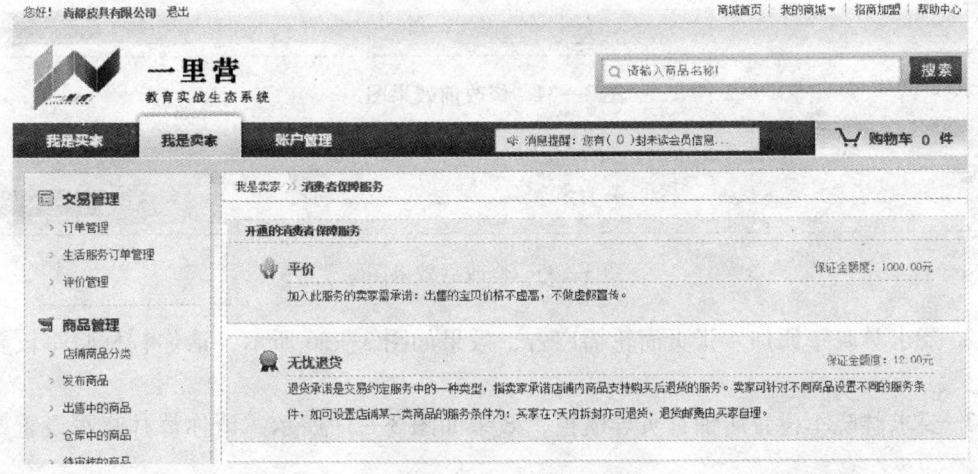

图3—32　消费者保障页面

评分点：

1. 消费者保障：平价	
2. 消费者保障：无忧退货	

5. 打开账户安全设置页面（见图 3—33）并提交。

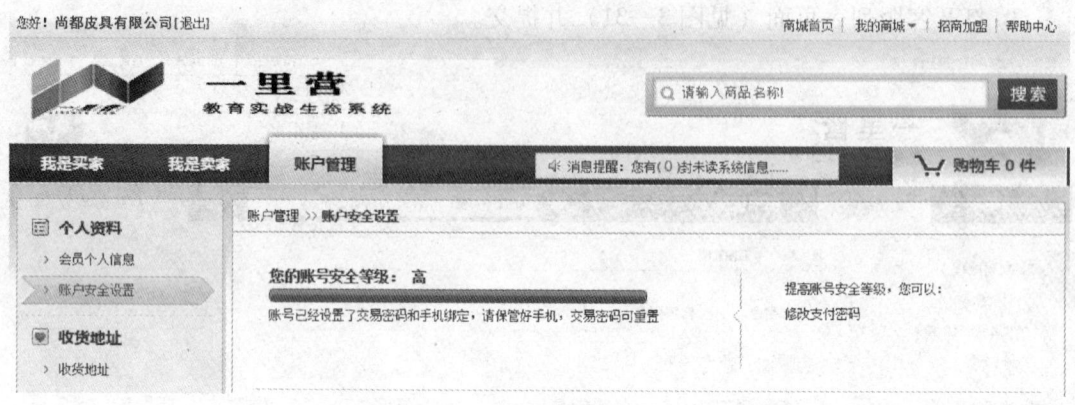

图 3—33　账户安全设置页面

评分点：

1. 用户名：尚都皮具有限公司	
2. 账号安全等级：高	

试题 2　网店装修

1. 公司电子商务部张雨主管找到美工设计部的林晓军，要求他设置店铺店招，如图 3—34 所示，请你替林晓军设置好并提交（修改效果图如图 3—35 所示）。

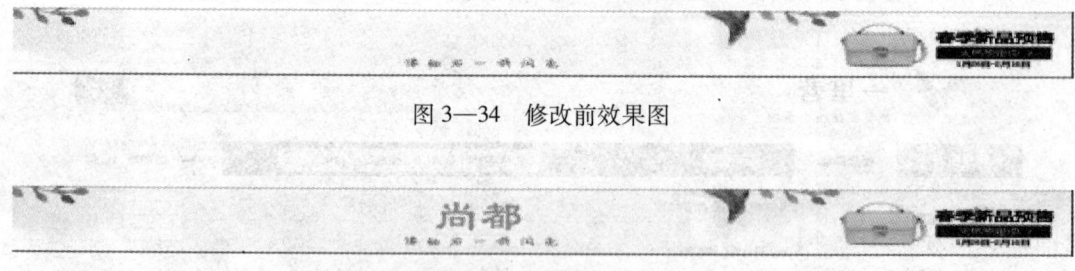

图 3—34　修改前效果图

图 3—35　修改后效果图

2. 要求林晓军添加 4 张页面轮播广告，效果如图 3—36 所示，请你替林晓军设置好并提交。

3. 要求林晓军设置店铺首页导航栏，效果如图 3—37 所示，请你替林晓军设置好并提交。

图 3—36　页面轮播广告效果图

图 3—37　店铺首页导航栏效果图

4. 为了能够吸引更多的客户，林晓军为店铺添加店铺介绍，内容如下："尚都皮具有限公司是一家集设计开发、生产、销售为一体的企业。定位中高档真皮OEM，主要产品为男、女真皮手袋、真皮皮带、真皮银包、真皮背包、真皮皮鞋、拉杆箱等。经历了16年的风雨历程，如今厂房面积达6 000平方米，拥有200余名员工，版房设计专人多名。公司坚持以市场为导向，设计时尚、经典、简约，用料考究、工艺先进，产品远销全球20多个国家和地区。秉承质量第一的原则，出货准时，"包"您满意。"要求林晓军插入4×1的表格，第一行放公司的名称"尚都皮具有限公司"，第二行插入水平线，第三行放店铺介绍，并把"尚都皮具有限公司"设置超链接："http://shop100000187.yiliwin.com"，请你替林晓军设置好并提交，效果如图3—38所示。

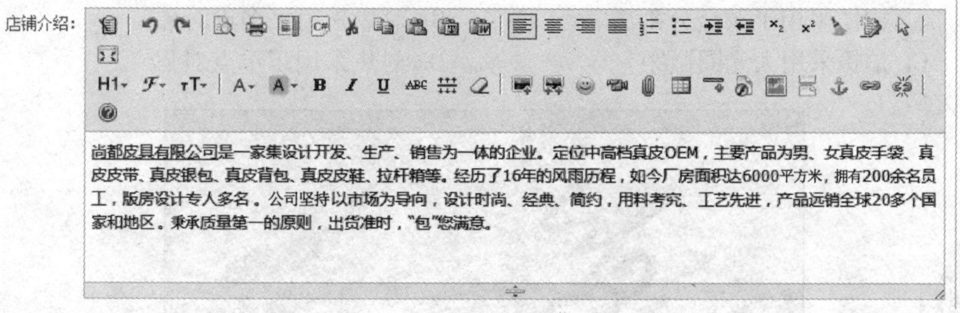

图 3—38　添加店铺介绍页面

评分点：

1. 插入表格4×1

2. 插入水平线

3. 设置超链接

试题3　商品拍摄与图片处理

1. 紧接上题，公司电子商务部张雨主管找到美工设计部林晓军，要求他说明所拍摄的图片的用光方法，需要为客户按这一布光方法来拍摄这一类商品，林晓军看了张主管给的图片（见图3—39），马上给了他拍摄的用光方法图，请你选择林晓军提供的布光图是（　　）。

图3—39　张主管给的样图

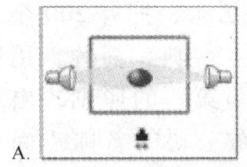 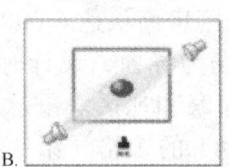 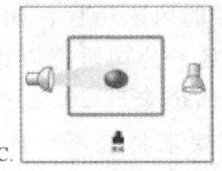 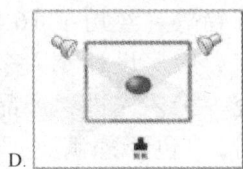

2. 林晓军指导组员周宏伟提高摄影技能，选了图3—40所示图片让周宏伟分析使用了哪些拍摄手法。请你观察图片后选出该图片使用的拍摄手法是（　　）。

　　A. 构图采用了黄金分割法　　　　B. 对焦采用了多点对焦
　　C. 拍摄采用大光圈微距　　　　　D. 对焦采用了单点对焦

图3—40　拍摄参考样图

3. 林晓军把旅行箱的商品图片按要求拍摄完成后需要进行图片处理，他把图片交给了组员周宏伟，要求：制作5张400像素的正方形主图并加上店铺LOGO，第一张主图要求白色背景，添加价格信息"新年价 219 元"，完成后效果如图 3—41 所示。另外把商品描述图修改宽度为 790 像素。在描述中周宏伟漏了制作"产品介绍"，现需要补上去，位置已经使用红框标出，相应素材图在描述中复制。完成效果如图 3—42 所示。修改完成后，将描述图切割成若干小图，每张图片不大于 100K，并进行保存。

图 3—41　主图参考效果图

图 3—42　商品信息介绍效果图

评分点：

1. 图片大小调整与切图
2. 完成抠图操作
3. 添加图片边框水印
4. 调整图片清晰度
5. 更换图片背景
6. 调整图片大小

试题4　商品发布与管理

公司商品编辑主管陈小萍要发布货号为 WA42133186 的商务正装皮鞋，商品信息如下：

商品名称：鳄鱼恤商务正装皮鞋；货号：WA42133186；商品分类：流行男鞋＞商务休闲鞋；市场价：1 080 元；商品类别：热卖、促销；颜色：棕色、黑色；尺码：39、40、41、42；库存：棕色100件、黑色100件，各码数库存量均等；商品品牌：鳄鱼恤男鞋；店内商品分类：商务休闲鞋；商品发布：立即发布。

价格设定为368元，商品图片在下载资料包"鞋靴箱包商品1"中，其他参数可参考商品描述图，选择合理填写。

发布完成后使用淘宝数据包"鞋靴箱包数据包1．zip"中商品数据作为新品导入到店铺的商务休闲鞋分类并全部上架，邮费设置为快递10元、EMS15元。

之后把货号 WA42133186 的"鳄鱼恤商务正装皮鞋"更改到商务正装分类。

请你替陈小萍完成以上商品发布与管理操作，并按要求提交相关页面。

操作指导与评分点

1. 打开"出售中的商品"页面（见图3—43、图3—44）并提交。

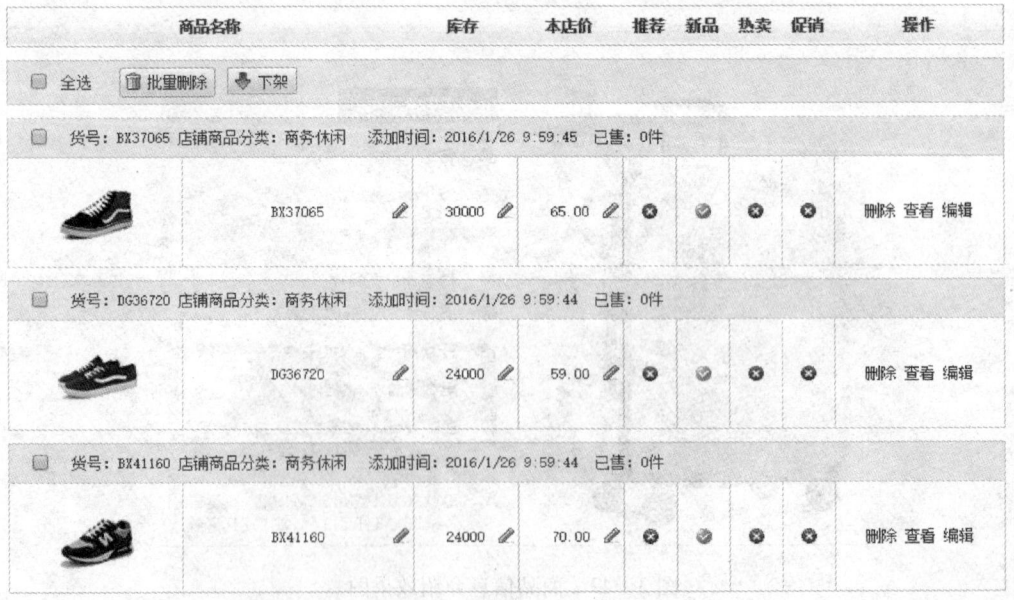

图3—43　"出售中的商品"页面（一）

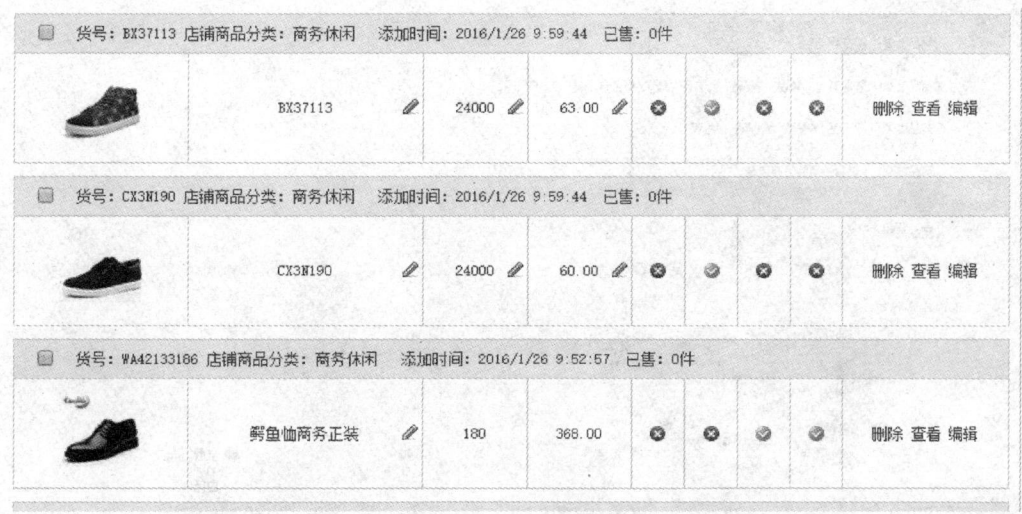

图3—44 "出售中的商品"页面(二)

评分点：

1. 货号：WA42133186商品
2. 分类：商务休闲

2. 打开名称为"鳄鱼恤商务正装皮鞋"的商品查看页面（见图3—45），并提交。

图3—45 商品查看页面

评分点：

1. 商品名称：鳄鱼恤商务正装皮鞋
2. 本店价：¥368元
3. 快递：10.00元
4. EMS：15.00元

3. 打开货号WA42133186的"鳄鱼恤商务正装皮鞋"编辑页面（见图3—46、图3—47），并提交。

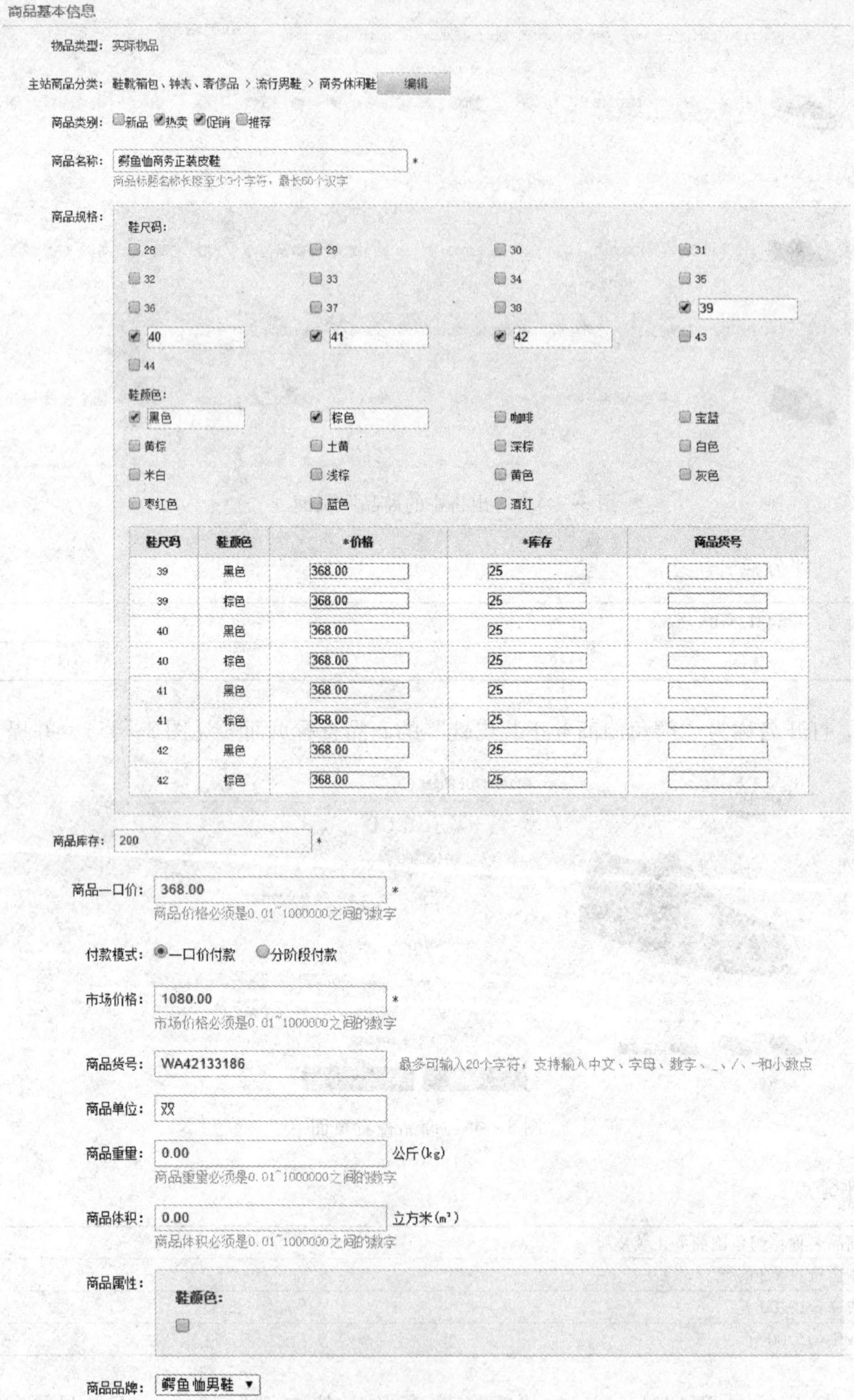

图 3—46　商品编辑页面（一）

图 3—47 商品编辑页面（二）

评分点：

1. 主站商品分类：鞋靴箱包、钟表、奢侈品>流行男鞋>商务休闲鞋
2. 商品类别：热卖、促销
3. 商品名称：鳄鱼恤商务正装皮鞋
4. 颜色：黑色、棕色
5. 尺码：39、40、41、42
6. 商品库存：200
7. 商品品牌：鳄鱼恤男鞋
8. 商品一口价：368.00元
9. 商品货号：WA42133186
10. 店铺商品分类：商务正装

试题5 第三方平台营销推广

公司网店推广主管王峰要对网店中货号为 BX37065 的鞋进行营销推广，请你替王峰完成相关操作。

1. 为了能够让该商品在搜索排名中排名较前，在商品编辑中添加关键字。以下四组中最合适的一组关键字是（　　）。
    A. 鳄鱼恤、休闲鞋、清凉透气、精致做工、夏日佳选
    B. 头层牛皮、鳄鱼恤、休闲鞋、男士休闲鞋
    C. 人气男鞋、韩版潮流、青少年学生款、柔软舒适
    D. 帆布鞋、休闲鞋、男鞋、韩版潮流、男生运动鞋、鞋子、鳄鱼恤

2. 在商品标题中输入以下四组中最合适的一组是（　　），并将类目设置到契合度更高的潮流时尚分类中。
    A. 鳄鱼恤秋季新布洛克男士厚底牛皮休闲鞋系带雕花皮鞋英伦潮男鞋子
    B. 鳄鱼恤秋季休闲皮鞋系带男士网面鞋牛皮男鞋学生低帮潮流运动鞋子
    C. 鳄鱼恤春季男士休闲鞋青年系带牛皮鞋子透气圆头皮鞋韩版潮流男鞋
    D. 鳄鱼恤男士系带帆布鞋休闲鞋低帮男鞋学生韩版潮流男生运动鞋鞋子

3. 申请直通车推广，把货号为 BX37065 的商品发布在全国站，预交金额 600 元，开

始时间设置为明天 9∶00 开始。

4. 发布一个团购活动，选择货号为 BX37065 的商品参加主站的"春装上新"团购活动。团购名称为"春上新 5 折起"，团购价格 35，商品总数 10 双。团购图片选择下载资料包鞋靴箱包 2 中的"春装上新团购活动图．jpg"。

操作指导与评分点

1. 打开商品编辑页面（见图 3—48）并提交。

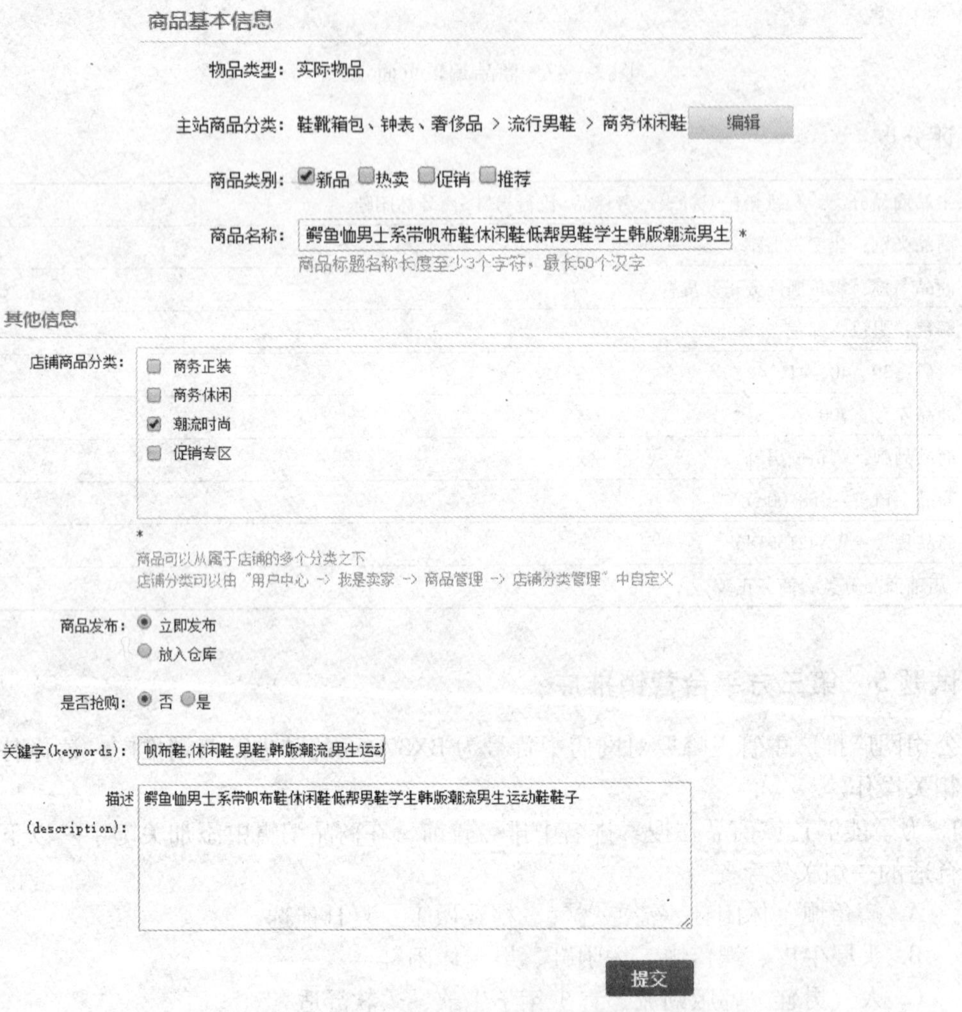

图 3—48　商品编辑页面

评分点：

1. 商品标题：鳄鱼恤男士系带帆布鞋休闲鞋低帮男鞋学生韩版潮流男生运动鞋鞋子
2. 关键字：帆布鞋、休闲鞋、男鞋、韩版潮流、男生运动鞋、鞋子、鳄鱼恤
3. 店铺商品分类：潮流时尚

2. 打开直通车申请页面（见图 3—49）并提交。

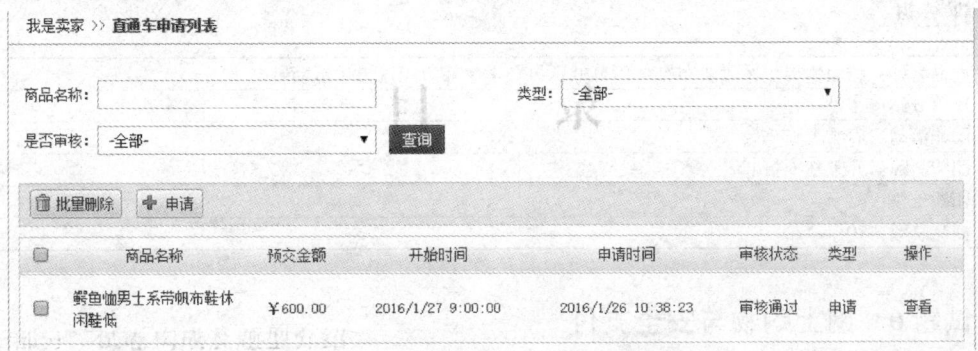

图 3—49 直通车申请页面

评分点：

1. 预交金额：600 元
2. 开始时间：9：00
3. 商品名称：鳄鱼恤男士系带帆布鞋休闲鞋低帮男鞋学生韩版潮流男生运动鞋鞋子

3. 打开团购商品页面（见图 3—50），添加商品并提交。

图 3—50 团购商品页面

评分点：

1. 商品名称：	鳄鱼恤男士系带帆布鞋休闲鞋低帮男鞋学生韩版潮流男生运动鞋鞋子
2. 城市分站：	主站
3. 团购活动：	春装上新
4. 团购名称：	春上新5折起
5. 团购价格：	35元
6. 商品总数：	10

试题6 网上购物与安全支付

1. 网络钓鱼使用的最主要的欺骗手段是（　　）。
   A. 攻破某些网站，然后修改其程序代码
   B. 直接窃取用户计算机的一些记录
   C. 仿冒某些公司的网站或电子邮件
   D. 发送大量垃圾邮件

2. 何志强要在网络银行注册一个个人账户，请你替他完成相关操作。注册资料如下：开户人：何志强；身份证号码：420923199802010271；查询密码：hzq477；支付密码：hezhiqiang&476；初始资金：10 000元。

注册成功后登录网络银行，并提交页面（见图3—51）。

图3—51　网络银行登录后页面

评分点：

用户名：何志强

3. 请你替何志强在第三方支付平台注册一个账号并绑定在网络银行申请的银行卡，第三方支付平台资料如下：用户名：hezhiqiang；密码：hzq477；支付密码：hezhiqiang&476；身份证号：420923199802010271。

登录第三方支付平台并提交页面（见图3—52）。

图3—52　第三方支付平台登录后页面

评分点：

| 1. 用户名：hezhiqiang |
| 2. 绑定银行卡：已绑定 |

4. 请你替何志强在一里营商城选购男鞋。使用用户名：hezhiqiang，密码：yiliwin，登录一里营电商平台，购买一双黑色、41码、鳄鱼恤商务正装皮鞋，收货信息为：广州市海珠区工业大道150号，邮编：510660，收货人：何志强，电话：020-82372533，手机号码：18998306666。

购买皮鞋后用第三方平台支付，选择用支付宝付款，输入支付宝支付密码后提交页面（见图3—53）。

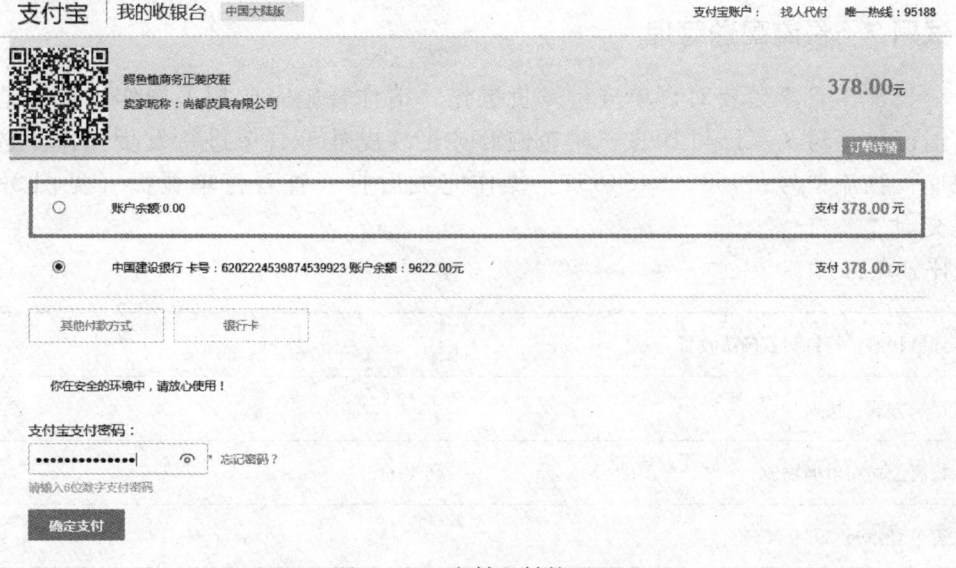

图3—53　支付宝付款页面

评分点：

支付方式：支付宝

支付完成后打开查看订单页面（见图3—54）并提交。

图3—54 查看订单页面

评分点：

1. 当前订单状态：等待卖家发货

2. 商品名包含：鳄鱼恤商务正装皮鞋

试题7 物流配送管理

1. 物流主管李芳要对订单进行发货操作，请你替她完成相关操作。首先请你查看店铺订单，对买家已付款的"鳄鱼恤商务正装皮鞋"订单进行发货操作。选择申通快递，物流单号：968298464651。操作完成后打开查看订单页面（见图3—55）并提交。

评分点：

1. 订单状态：等待买家确认收货

2. 运送方式：快递

3. 物流公司：申通物流

4. 运单号：968298464651

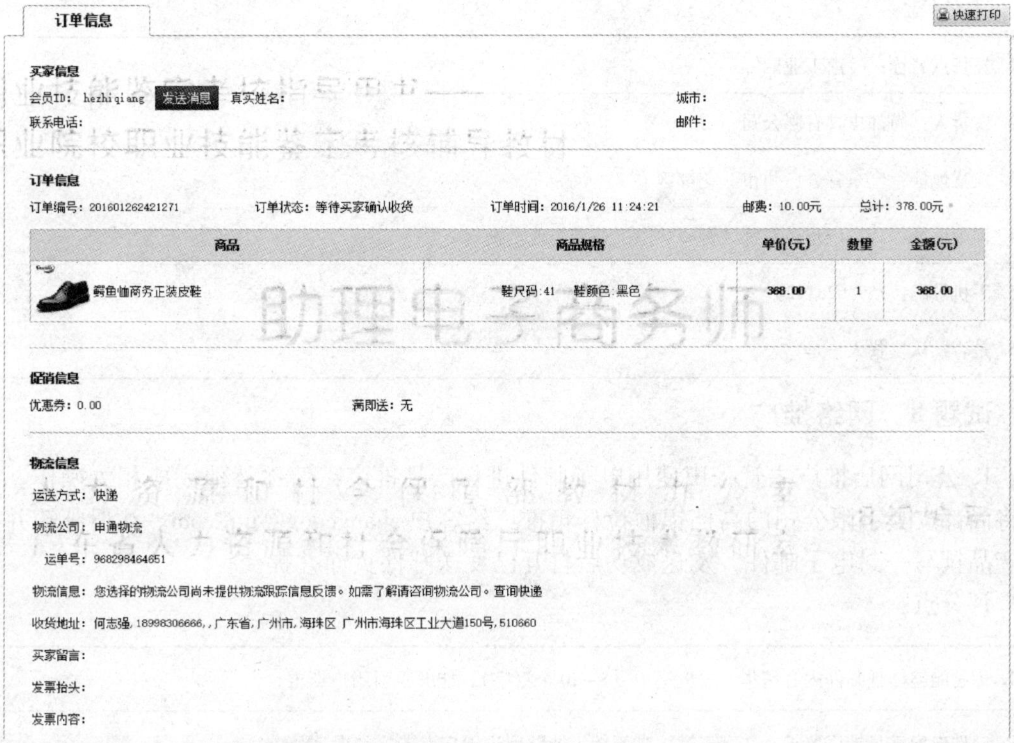

图 3—55 查看订单页面

2. 为了便于物流管理，请你设置发件人模板：发货点名称为"岭南工业园"，发货人为"尚都皮具有限公司"，发货详细地址为"广东广州市花都区狮岭岭南工业园工业二街 102 号"，手机号码为 15936281129，默认是发货人。设置完成后打开物流模板编辑页面（见图 3—56）并提交。

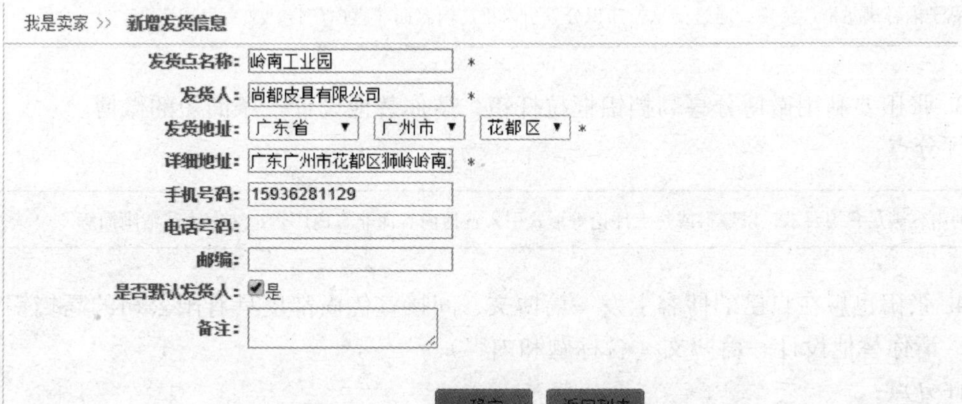

图 3—56 物流模板编辑页面

评分点：

1. 发货点名称：岭南工业园

2. 发货人：尚都皮具有限公司

3. 发货地址：广东省、广州市、花都区

4. 详细地址：广东广州市花都区狮岭岭南工业园工业二街 102 号

5. 手机号码：15936281129

6. 是否默认发货人：是

试题 8　网络推广

1. 公司网店推广主管张田使用电子邮件进行产品推广，请你替他完成相关操作。首先将尚都皮具有限公司的高档铝框拉杆箱推广给客户 zhangcong@qq.com。注册邮箱并为该产品撰写一封电子邮件，发送成功后打开已发送邮件页面并提交。

评分点：

1. 标题能够体现邮件内容精华，长度适中（8~20 个汉字），能够吸引用户点击

2. 邮件内容满足推广要求，文字表述清晰简练，能够促进用户点击、购买

2. 请你替张田继续在论坛推广，在论坛中发布一个帖子，引导受众造访尚都皮具有限公司的高档铝框拉杆箱。将设计的帖子发布后，打开该帖子并提交。

评分点：

1. 标题具有诱惑力，能够吸引用户点击

2. 帖子内容满足推广要求，通过信息或知识分享引入推广内容而非直白广告，文字表述清晰

3. 张田要利用微博分享高档铝框拉杆箱，请你替他设计一条简短的微博。

评分点：

微博内容满足营销要求，以爆料或热点评论等形式引入宣传内容而非直白广告，文字表述清晰简练

4. 张田也想在自己的博客上发一篇博文，间接宣传尚都皮具有限公司的高档铝框拉杆箱，请你替他设计一篇博文（含标题和内容）。

评分点：

1. 标题能够体现博文内容精华，具有营销导向，能够吸引用户点击

2. 博文内容满足营销要求，通过信息或知识分享引入宣传内容而非直白广告，文字表述清晰

5. 钟玲是某电子商务网站的业务主管，该电子商务网站的旗帜广告 CPM 报价为 360 元，若 2016 年该广告的实际收视为 50 万人次，则广告主应付广告费是（　　）元。

A. 18 000　　　B. 18 000 000　　　C. 180 000　　　D. 1 800 000

试题 9　搜索引擎营销

尚都皮具有限公司主要经营真皮女包、时尚女包、背包、钱包、包袋等。公司有自己的网站（http：//shop100000187.hg1739.com/），但销售量一直上不去。张雨是公司电子商务部主管，打算利用百度搜索引擎进行关键词推广，通过搜索引擎提高公司网站流量，提高网站知名度，从而增加销售量。请你替张雨完成相关操作，在百度注册账号信息如下：用户名：张雨；密码：666666；余额：2 000 元。搜索引擎管理员登录管理后台信息如下：账号 admin；密码：123456。

操作指导与评分点

1. 用张雨的账号、密码注册登录后，打开添加创意信息页面（见图 3—57）并提交。

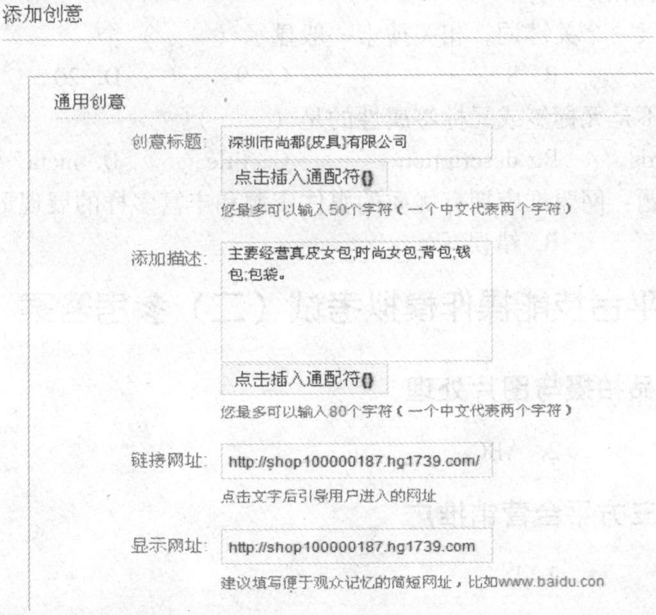

图 3—57　添加创意信息页面

2. 根据创意信息，选择"皮具"作为关键词，出价为 50 元，打开添加关键词页面（见图 3—58）并提交。

3. 张雨在设计优化网站结构，下列方法不好的是（　　）。

A. 创建网站地图指向网站的每个页面

B. 网站的每个页面都可以通过最多 3 次点击访问

C. 把网站的所有内部页面链接到你的其他网站

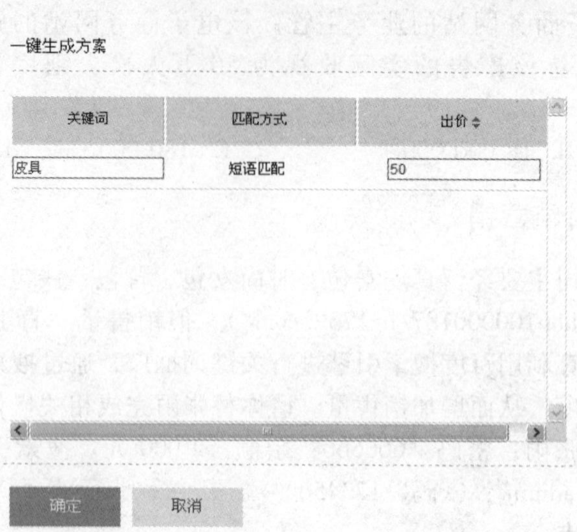

图 3—58 添加关键词页面

    D. 创建网站的结构性
4. 在百度搜索一个关键词，相关搜索一般显示（   ）个。
    A. 10   B. 8   C. 9   D. 20
5. 下列选项不是元标签或元标签属性的是（   ）。
    A. keywords   B. description   C. title   D. meta
6. 判断正误题：网盟推广拥有优质的媒体资源和丰富多样的展现形式。（   ）
    A. 正确   B. 错误

● 一里营平台技能操作模拟考试（二）参考答案

试题 3   商品拍摄与图片处理

1. A   2. ABC

试题 5   第三方平台营销推广

1. D   2. D

试题 6   网上购物与安全支付

1. C

试题 8   网络推广

5. C

试题 9   搜索引擎营销

3. C   4. A   5. C   6. A

二、仿真淘宝平台助理电子商务师技能操作练习

● 仿真淘宝平台[①]技能操作模拟考试及答案（一）

试题 1

1. 徐东需要为家人购买保温杯，他在购物平台（以淘宝为例）的"百货"分类中查找该种商品，保存操作结果。
2. 筛选厨房/餐饮用具是保温杯，价格在 100~150 元的商品，并按照销量从高到低排序，保存操作结果。
3. 在销量前 6 位的商品中选择服务态度得分最高的商品。
4. 在选中的商品中，选择颜色分类是红色［350ML-SBR-玫瑰红］的商品，直接购买，保存操作结果。
5. 进入支付平台进行支付，登录账号 ali60292014217@163.com，密码：11223344，保存操作结果。
6. 支付成功后查看订单，保存操作结果。

解题步骤

操作步骤	操作方法	评分标准
操作 1	点击"百货"分类，在百货分类的搜索项中输入"保温杯"进行搜索	结果页面是在百货分类中输入"保温杯"找到结果
操作 2	选择价格在 100~150 元，选择厨房/餐饮用具是保温杯，按照销量从高到低排序	价格正确，厨房/餐饮用具选择正确，按照销量从高到低排序
操作 3	选择服务态度得分最高	选择服务态度的得分最高
操作 4	选择红色［350ML-SBR-玫瑰红］的商品	能够正确选择商品
操作 5	登录支付平台支付	能够登录支付平台支付
操作 6	支付成功后查看订单	能够查看正确的订单

参考解题步骤图解：
操作 1
第一步见图 3—59。

[①] 本部分中解题步骤均以真实的淘宝平台为例，考试中仿真淘宝平台的部分操作界面及步骤流程与真实的淘宝平台有所不同，在考试过程中应以考试平台的要求为准。

图 3—59 选择购物分类

第二步见图 3—60。

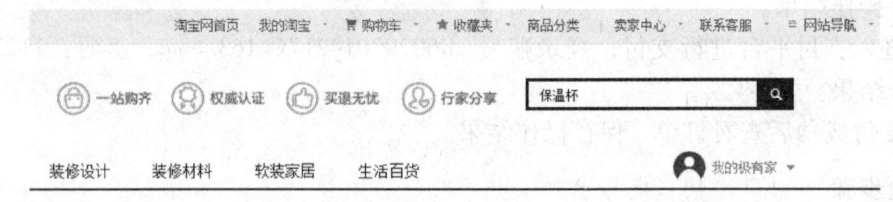

图 3—60 填写搜索栏

搜索结果见图 3—61。

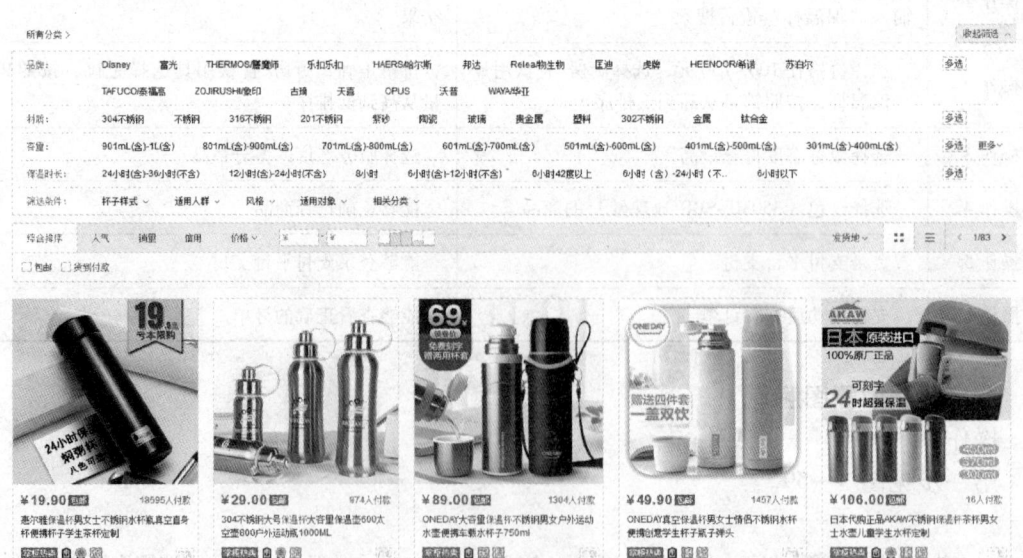

图 3—61 搜索结果

操作2

第一步见图3—62。

图3—62　保温杯属性选择

第二步见图3—63。

图3—63　价格范围选择

第三步见图3—64。

图3—64　按销量从高到低排序

搜索结果见图3—65。

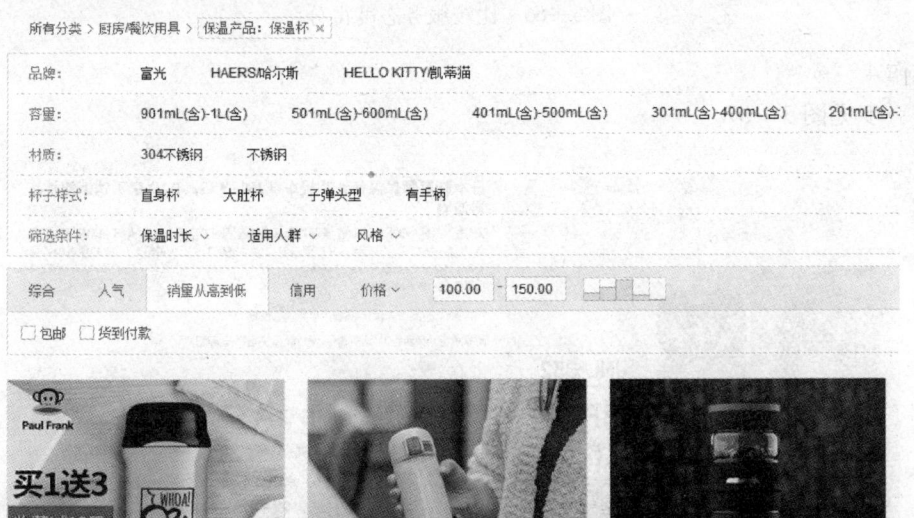

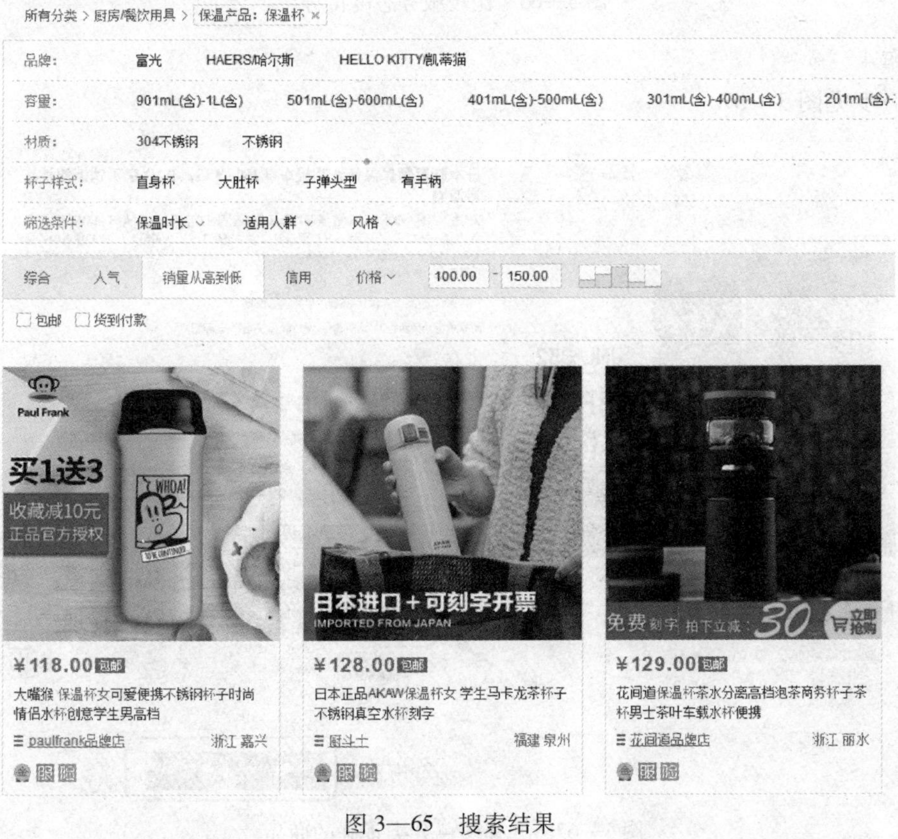

图3—65　搜索结果

操作3 见图3—66。

图3—66 比较服务态度得分

操作4

第一步见图3—67。

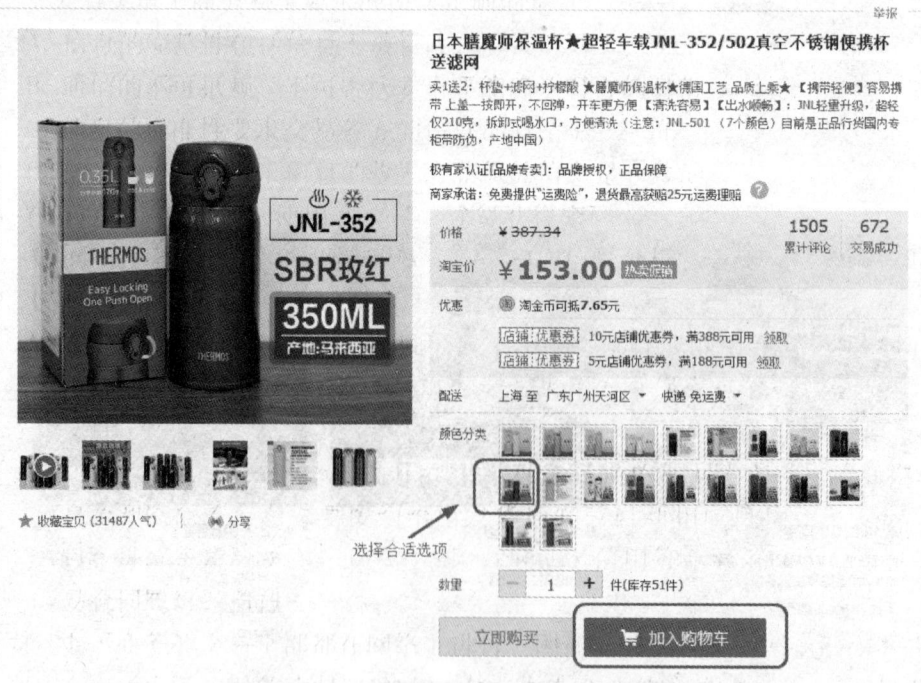

图3—67 选择颜色分类正确的商品

第二步见图3—68。

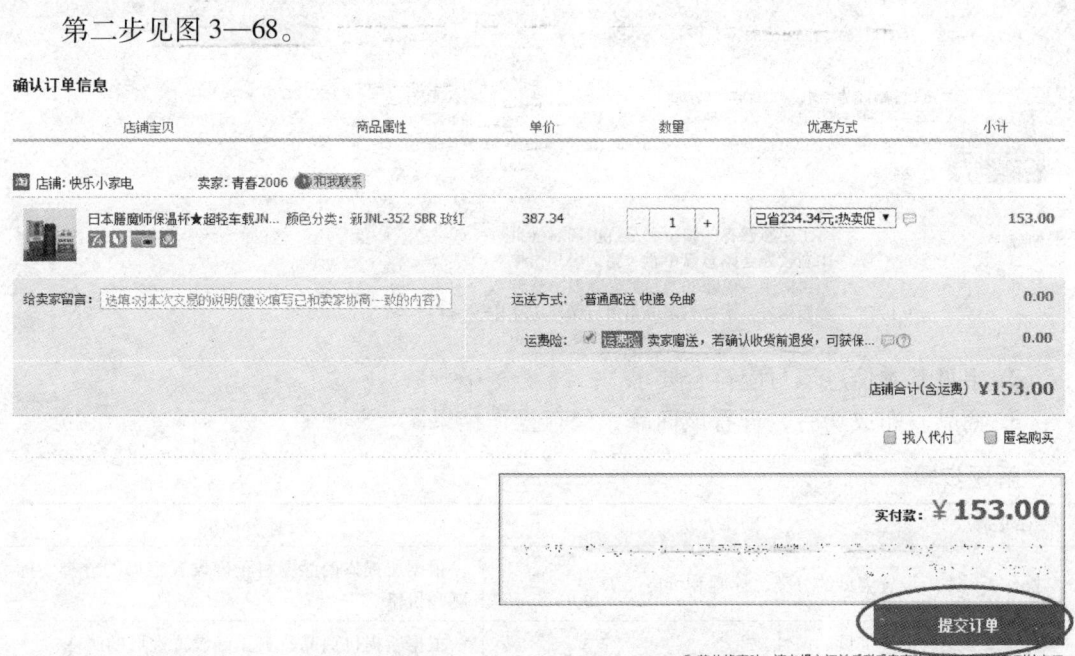

图3—68 提交订单

操作5见图3—69。

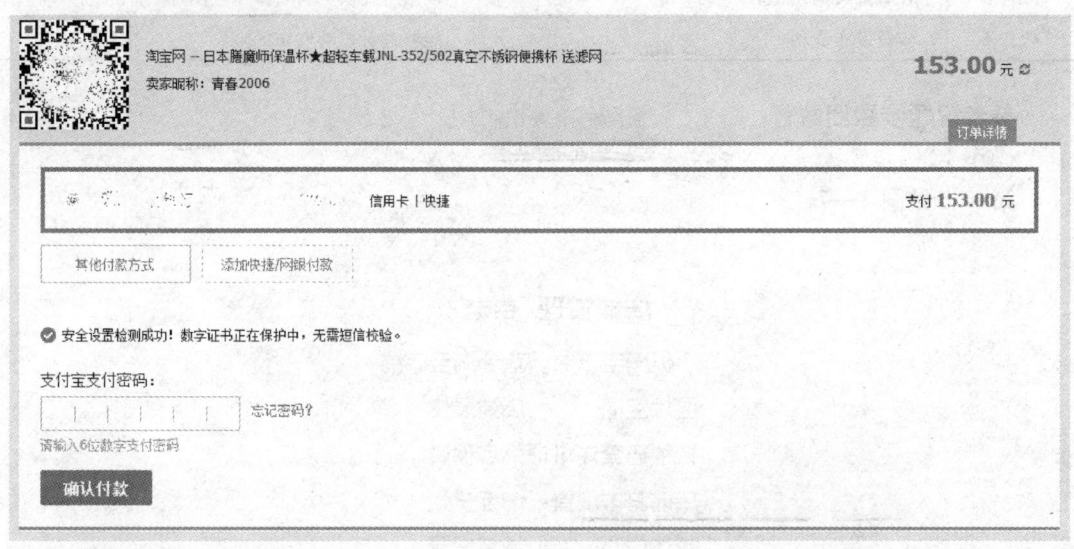

图3—69 支付订单

操作6见图3—70。

试题2

1. 根据所提供的商品资料，用"卖家中心"发布宝贝，用户名为ali60292017218，密码为11223344。

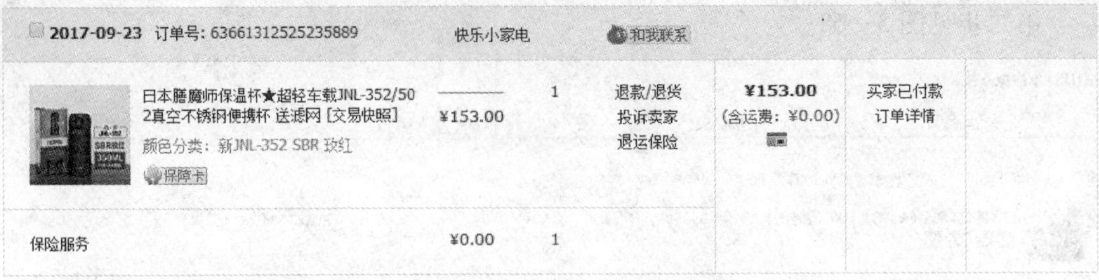
2017-09-23 订单号: 63661312525235889
快乐小家电
和我联系
日本膳魔师保温杯★超轻车载JNL-352/502真空不锈钢便携杯 送滤网 [交易快照]
颜色分类: 新JNL-352 SBR 玫红
保障卡
¥153.00
1
退款/退货
投诉卖家
退运保险
¥153.00
(含运费: ¥0.00)
买家已付款
订单详情
保险服务
¥0.00
1

图 3—70 订单查看

2. 宝贝基本信息填写应符合要求。
3. 商品发布成功后，查看该商品，保存操作结果。

解题步骤

操作步骤	操作方法	评分标准
操作 1	设置宝贝的分类、标题和价格	根据所提供商品资料正确设置宝贝的分类、标题和价格
操作 2	设置宝贝的属性	根据所提供商品资料正确设置宝贝的属性
操作 3	设置宝贝的规格	根据所提供商品资料正确设置宝贝的规格
操作 4	设置宝贝主图	根据所提供商品资料正确设置宝贝的主图，至少 5 张
操作 5	设置宝贝描述	根据所提供资料安排描述图片
操作 6	宝贝发布成功	能够查看成功发布的宝贝

参考解题步骤图解：

操作 1

第一步见图 3—71。

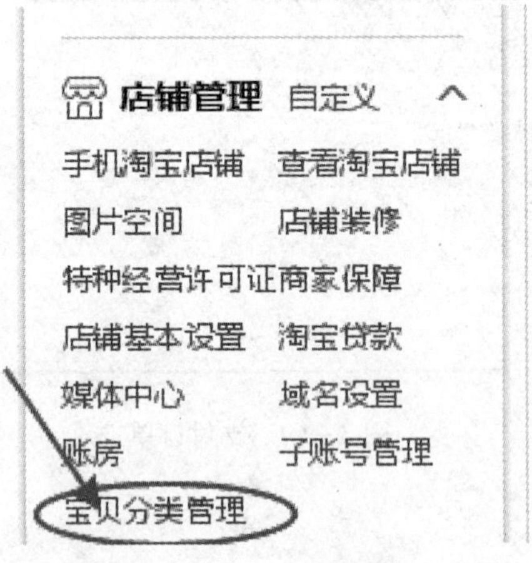
店铺管理 自定义
手机淘宝店铺 查看淘宝店铺
图片空间 店铺装修
特种经营许可证商家保障
店铺基本设置 淘宝贷款
媒体中心 域名设置
账房 子账号管理
宝贝分类管理

图 3—71 宝贝分类管理

第二步见图 3—72。

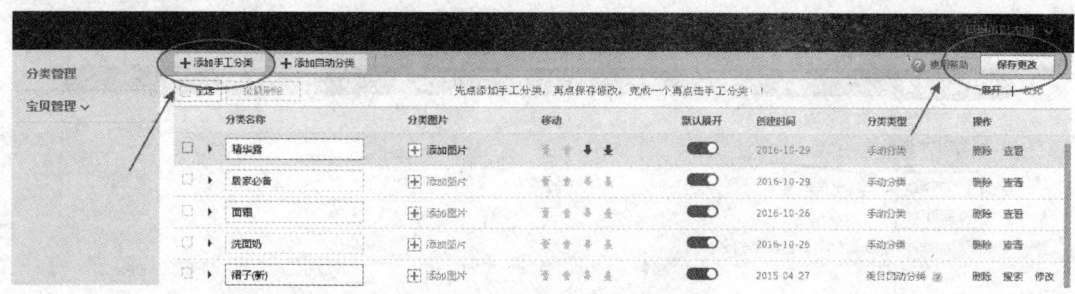

图 3—72　宝贝分类设置并保存

第三步见图 3—73。

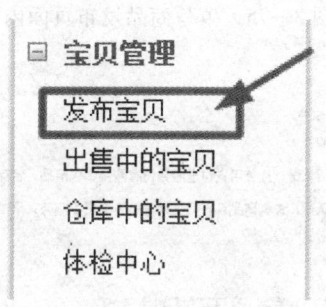

图 3—73　进入发布宝贝

第四步见图 3—74。

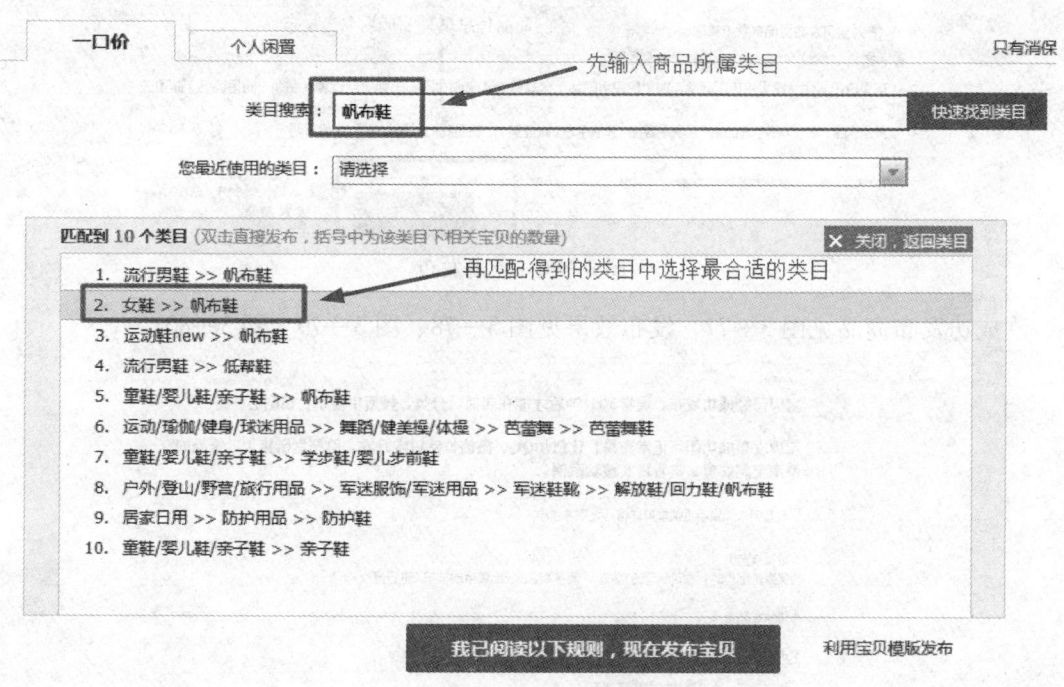

图 3—74　选择合适类目

第五步见图3—75。

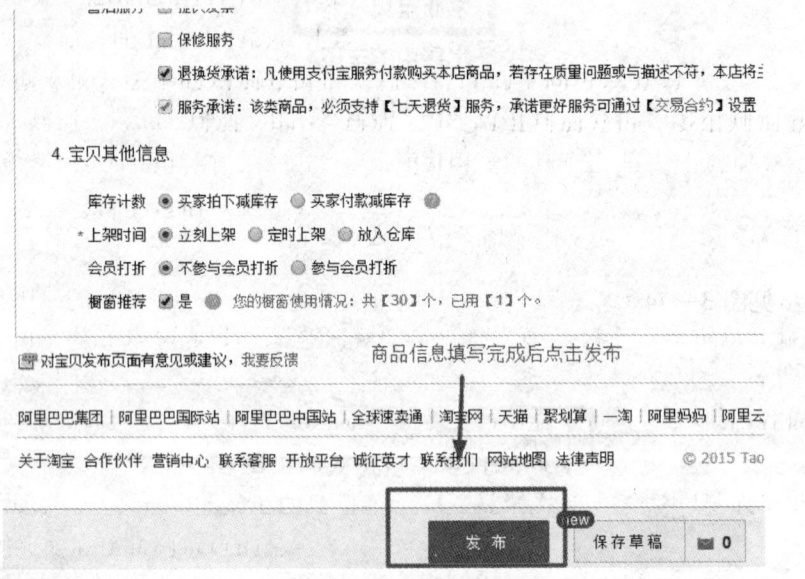

图3—75　填写商品发布页面内容

第六步见图3—76。

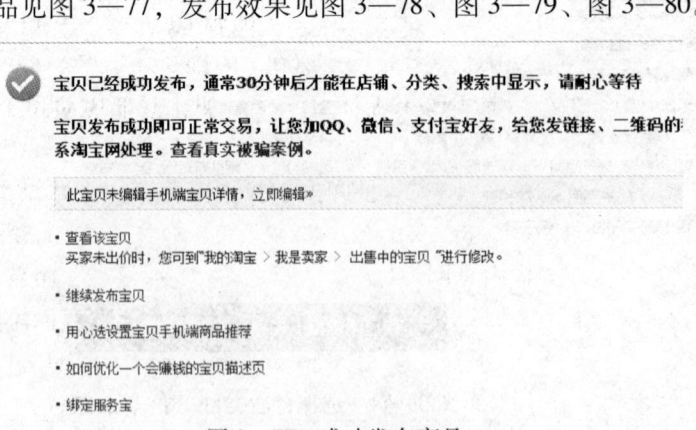

图3—76　点击发布

成功发布商品见图3—77，发布效果见图3—78、图3—79、图3—80。

图3—77　成功发布商品

第三部分　操作技能考核试题

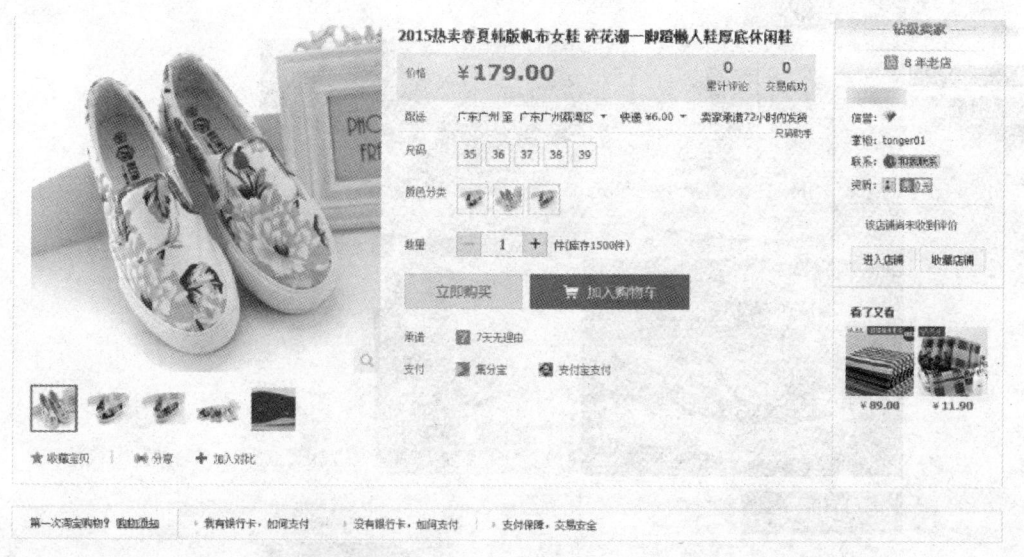

图 3—78　发布成功效果图（一）

图 3—79　发布成功效果图（二）

图 3—80 发布成功效果图（三）

试题 3

1. 登录试题 2 的"卖家中心"。

2. 在详情页的左侧 190 像素模块，从上到下依次添加宝贝搜索、宝贝分类、宝贝推荐、客服中心。

3. 把试题 2 发布的宝贝手工推荐到宝贝推荐模块里。

4. 发布设计好的商品详情页，并查看，保存操作结果。

解题步骤

操作步骤	操作方法	评分标准
操作 1	使用用户名 ali60292017218、密码为 11223344 登录"卖家中心"	成功登录"卖家中心"
操作 2	在详情页的左侧 190 像素模块，从上到下依次添加宝贝搜索、宝贝分类、宝贝推荐、客服中心	模块设置正确

第三部分 操作技能考核试题

续表

操作步骤	操作方法	评分标准
操作3	把试题2发布的宝贝手工推荐到热卖宝贝模块里	能够把试题2发布的宝贝手工推荐到热卖宝贝模块里
操作4	发布设计好的商品详情页,并查看	能够正确发布装修好的商品详情页并查看

参考解题步骤图解:

操作1:按要求登录"卖家中心"。

操作2

第一步见图3—81。

图3—81 装修宝贝详情页

第二步见图3—82。

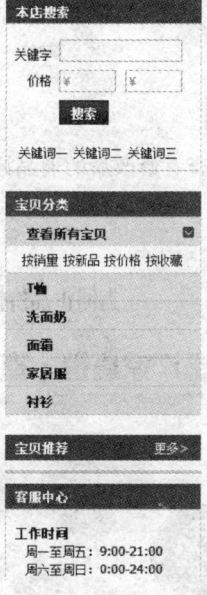

图3—82 添加模块

操作3 见图3—83。

图3—83 添加商品推荐

发布好的商品详情页见图3—84、图3—85、图3—86。

图3—84 查看修改后的商品详情页（一）

图3—85 查看修改后的商品详情页（二）

图 3—86　查看修改后的商品详情页（三）

试题 4

在博客中发布一条推广博文。要求图文并茂，在文中可以借助科普鞋类知识推广商品，字数不限；推广商品为试题 2 发布的商品。保存操作结果。

解题步骤

操作步骤	操作方法	评分标准
操作 1	登录博客，并发表一条博客	能够正确登录发表博客
操作 2	博客中图文并茂	含有文字和图片
操作 3	推广商品为试题 2 发布的商品	推广商品为试题 2 发布的商品

图文并茂的博客模板见图 3—87、图 3—88、图 3—89。

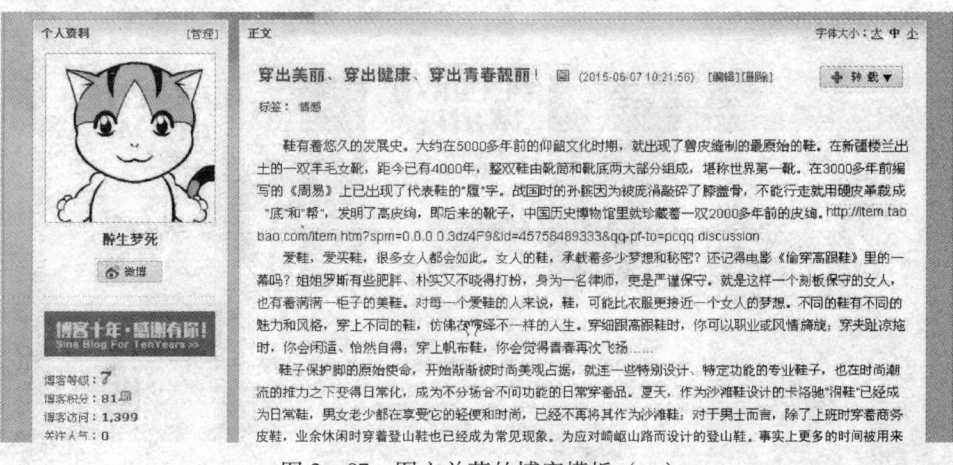

图 3—87　图文并茂的博客模板（一）

图3—88　图文并茂的博客模板（二）

图3—89　图文并茂的博客模板（三）

第三部分　操作技能考核试题

仿真淘宝平台技能操作模拟考试及答案（二）

试题1

1. 根据所提供的商品资料，用"卖家中心"发布宝贝，用户名 ali60292017218，密码为：11223344。
2. 宝贝基本信息填写应符合要求。
3. 商品发布成功后，查看该商品，保存操作结果。

解题步骤

操作步骤	操作方法	评分标准
操作1	设置宝贝的分类、标题和价格	根据所提供商品资料正确设置宝贝的分类、标题和价格
操作2	设置宝贝的属性	根据所提供商品资料正确设置宝贝的属性
操作3	设置宝贝的规格	根据所提供商品资料正确设置宝贝的规格
操作4	设置宝贝主图	根据所提供商品资料正确设置宝贝的主图，至少5张
操作5	设置宝贝描述	根据所提供资料安排描述图片
操作6	宝贝发布成功	能够查看成功发布的宝贝

商品发布效果见图3—90、图3—91、图3—92。

图3—90　发布成功效果图（一）

图 3—91　发布成功效果图（二）

图 3—92　发布成功效果图（三）

试题 2

1. 登录试题 1 的"卖家中心"。
2. 在店铺首页的左侧添加自定义模块，保存操作结果。
3. 运用素材"Y1、Y2、Y3、Y4"制作四张产品小图，要求宽度 190 像素，等比例缩放，四件衣服都是 79 元，图片上用红色宋体字标注价格。
4. 将四张小图插入到自定义模块，并将模块重命名为当季推荐，确定后查看效果，保存操作结果。

解题步骤

操作步骤	操作方法	评分标准
操作 1	登录"卖家中心"	按要求登录"卖家中心"
操作 2	店铺首页的左侧添加自定义模块	店铺首页的左侧添加自定义模块
操作 3	运用素材"Y1、Y2、Y3、Y4"制作四张产品小图，要求宽度 190 像素，等比例缩放	图片比例正常，图片显示完整等
操作 4	将四张小图插入到自定义模块，并将模块重命名为当季推荐	一共 4 张小图。将小图插入到自定义模块，模块重命名为当季推荐

参考解题步骤图解：

操作 3：制作 Y1 产品小图，见图 3—93。

操作 4 见图 3—94。

图 3—93 Y1 产品小图

图 3—94 当季推荐模块

试题 3

1. 使用试题 1 中的用户名、密码,登录千牛软件。
2. 在千牛上进行个性签名设置,设置内容为:"亲,欢迎光临本店铺!我是客服娜娜,很高兴为您服务!",保存操作结果。
3. 在千牛上进行自动回复,设置"当天第一次收到买家消息时的自动回复",自动回复主要内容为:"亲,欢迎光临,让您久等了!我们将竭诚为您服务!你的满意是我们最好的回报!"保存操作结果。

解题步骤

操作步骤	操作方法	评分标准
操作 1	使用试题 1 中的用户名、密码,登录千牛软件	成功登录千牛
操作 2	在千牛上进行个性签名设置,设置内容为:"亲,欢迎光临本店铺!我是客服娜娜,很高兴为您服务!"	个性签名正确,设置内容正确
操作 3	在千牛上进行自动回复,设置"当天第一次收到买家消息时的自动回复",自动回复主要内容为:"亲,欢迎光临,让您久等了!我们将竭诚为您服务!你的满意是我们最好的回报!"	设置"当天第一次收到买家消息时的自动回复"状态正确,设置内容正确

参考解题步骤图解:

操作 2 见图 3—95。

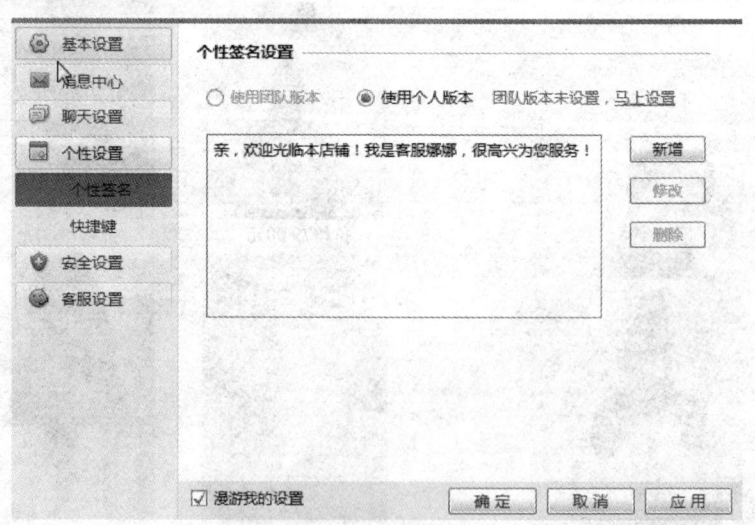

图 3—95　个性签名设置

操作 3 见图 3—96。

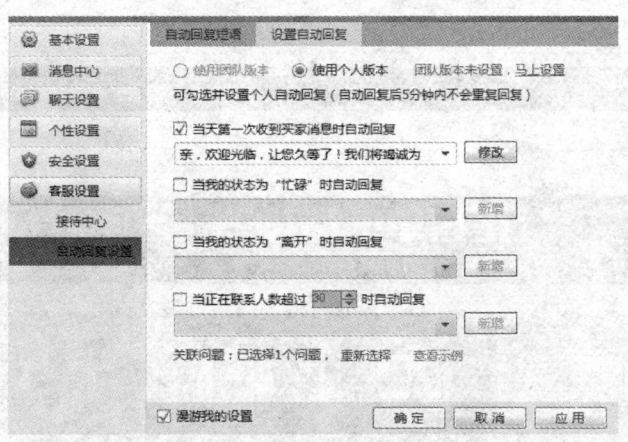

图 3—96　自动回复设置

试题 4

1. 登录淘宝直通车,选择试题 1 发布的商品进行推广,保存操作结果。
2. 点击编辑商品名称为"2017 夏季新款女装时尚韩版气质修身大码短袖裙子印花雪纺连衣裙女",主图不变,保存操作结果。
3. 将系统推荐的前 5 个词语设置为关键词,自定义出价为 0.6 元,保存操作结果。
4. 设置日限额为 300 元,保存操作结果。
5. 设置投放时间为 09:00—24:00,保存操作结果。

解题步骤

操作步骤	操作方法	评分标准
操作 1	登录淘宝直通车,选择试题 1 发布的商品进行推广	选择试题 1 发布的商品进行推广
操作 2	点击编辑商品名称为"2017 夏季新款女装时尚韩版气质修身大码短袖裙子印花雪纺连衣裙女",主图不变	编辑商品名称为"2017 夏季新款女装时尚韩版气质修身大码短袖裙子印花雪纺连衣裙女"
操作 3	将系统推荐的前 5 个词语设置为关键词,自定义出价为 0.6 元	将系统推荐的前 5 个词语设置为关键词,自定义出价为 0.6 元
操作 4	设置日限额为 300 元	日限额为 300 元
操作 5	设置投放时间为 09:00—24:00,	投放时间为 09:00—24:00

参考解题步骤图解:

操作 1
第一步:登录淘宝网"卖家中心",见图 3—97。
第二步:新建标准推广计划,见图 3—98。

图 3—97 淘宝网直通车

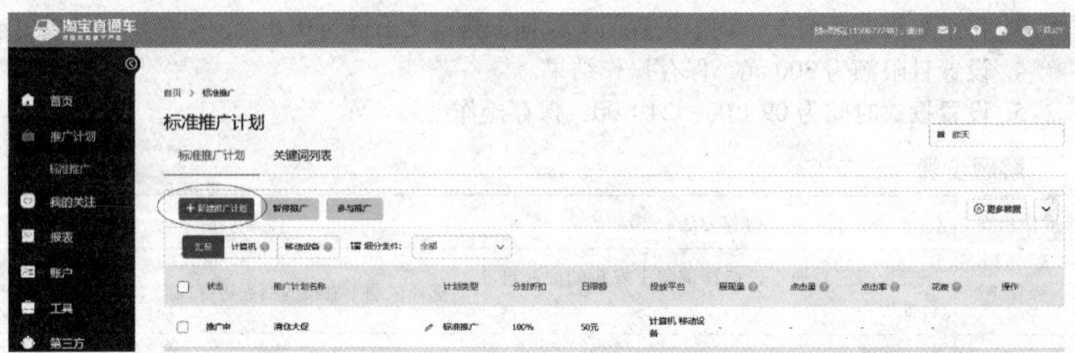

图 3—98 新建标准推广计划

操作 2

第一步：编辑推广计划（以雪纺连衣裙促销为例），见图 3—99。

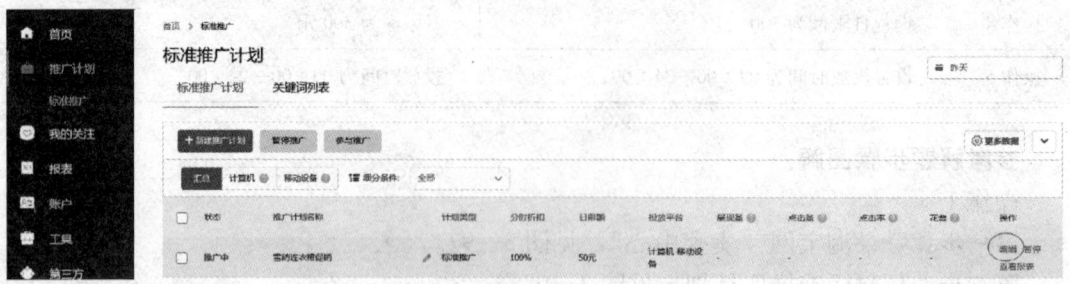

图 3—99 编辑推广计划

第二步：新建宝贝推广，见图3—100。

图3—100　新建宝贝推广

第三步：选择要推广的宝贝，见图3—101。

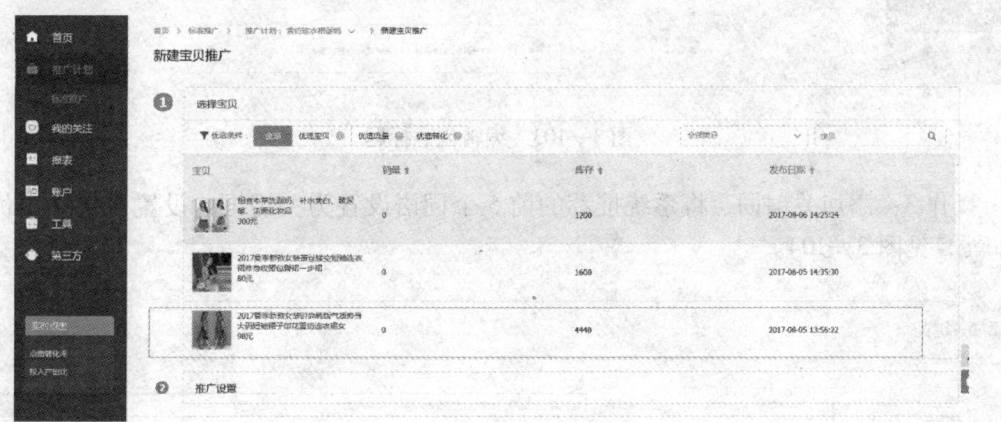

图3—101　选择要推广的宝贝

第四步：编辑创意，见图3—102。

图3—102　编辑创意

第五步：编辑创意标题，见图3—103。

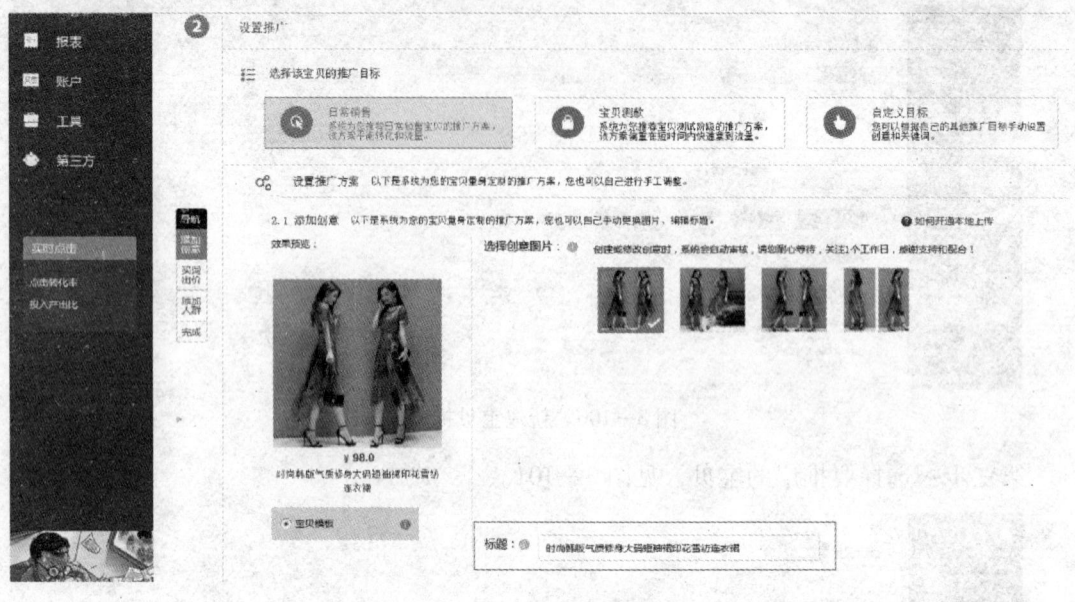

图3—103　编辑创意标题

操作3：添加关键词，将系统推荐的前5个词语设置为关键词，设置自定义出价为0.6元，见图3—104。

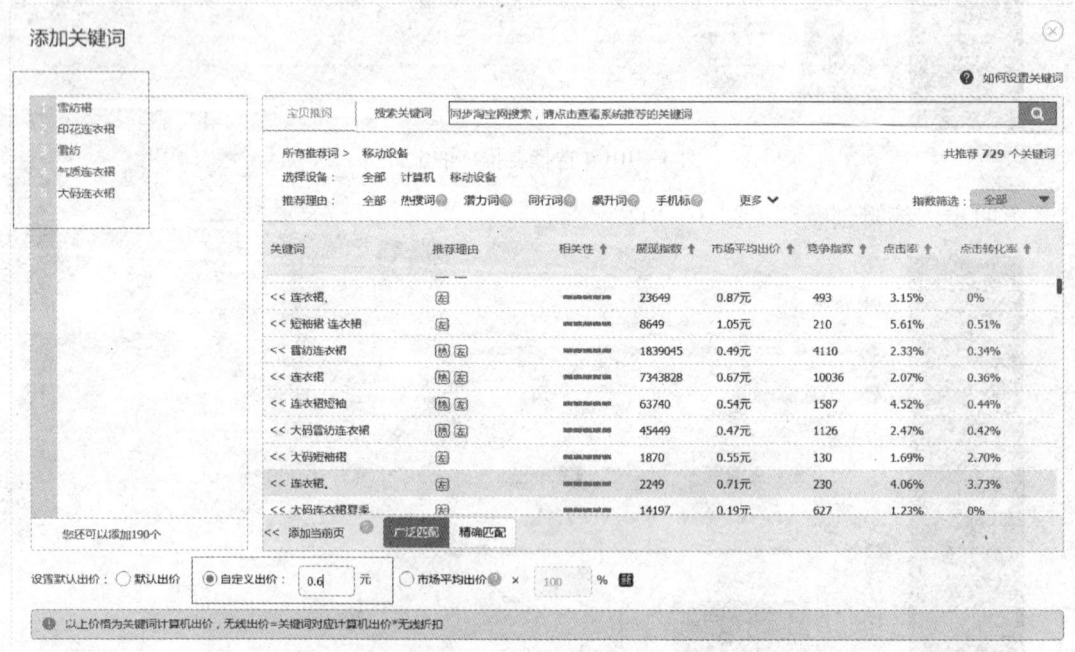

图3—104　设置关键词及出价

操作 4

第一步：在推广计划设置页面点击"设置日限额"按钮，见图 3—105。

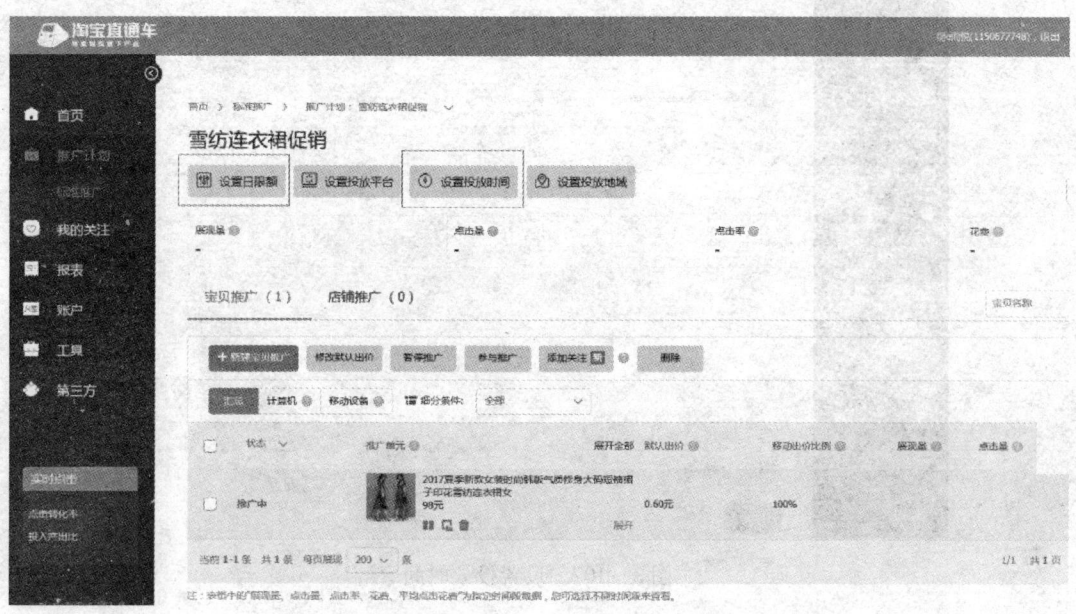

图 3—105　推广设置

第二步：设置日限额为 300 元，见图 3—106。

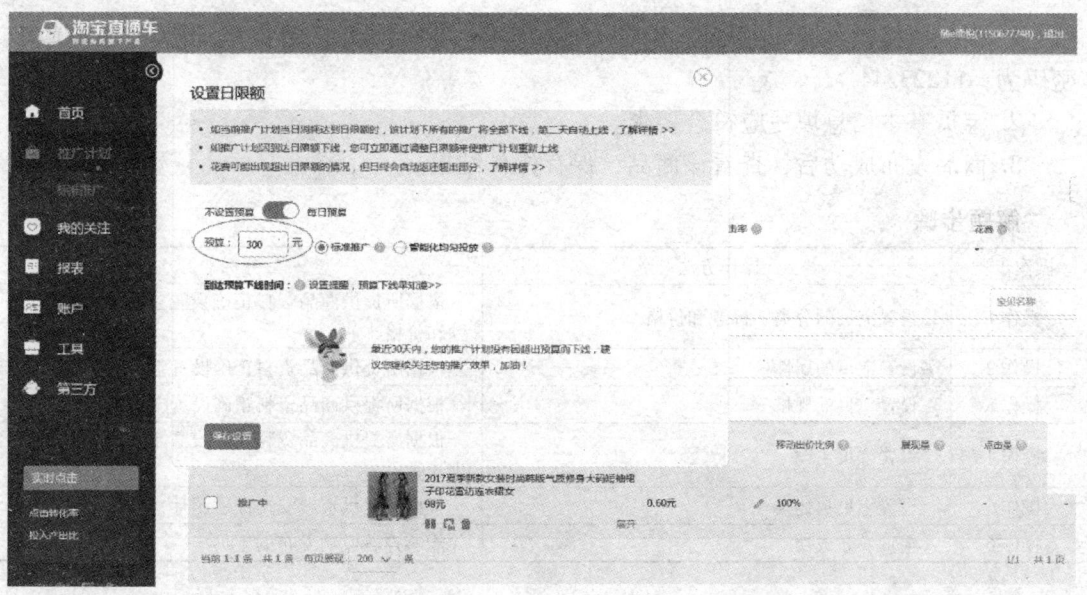

图 3—106　设置日限额

操作 5：点击"设置投放时间"按钮，设置投放时间为 09：00—24：00，见图 3—107。

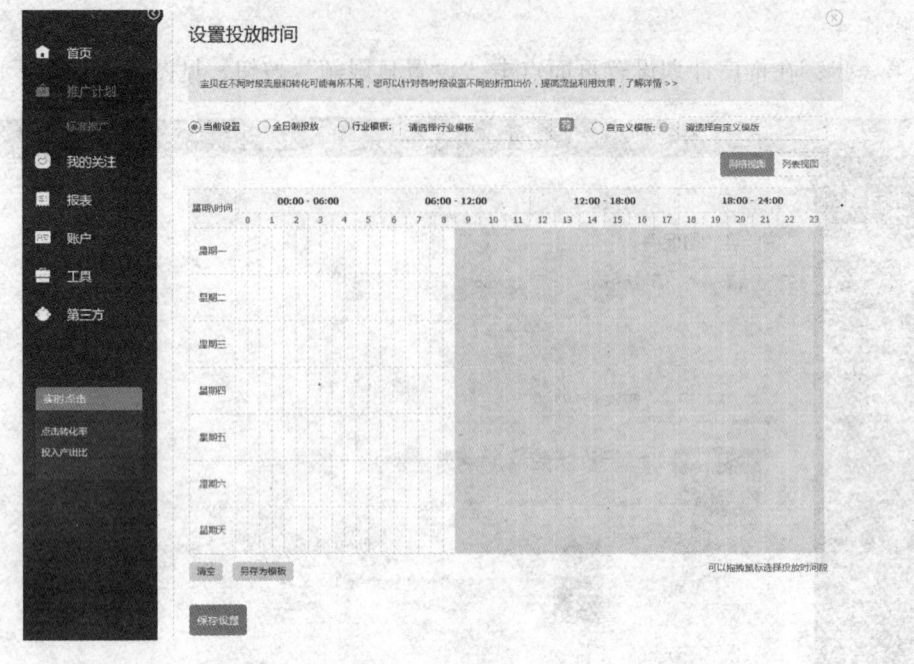

图 3—107　设置投放时间

仿真淘宝平台技能操作模拟考试及答案（三）

试题 1

1. 根据所提供的商品资料，用"卖家中心"发布宝贝，用户名 ali602920190101，密码为：11223344。

2. 宝贝基本信息填写应符合要求。

3. 商品发布成功后，查看该商品，保存操作结果。

解题步骤

操作步骤	操作方法	评分标准
操作 1	设置宝贝的分类、标题和价格	根据所提供商品资料正确设置宝贝的分类、标题和价格
操作 2	设置宝贝的属性	根据所提供商品资料正确设置宝贝的属性
操作 3	设置宝贝的规格	根据所提供商品资料正确设置宝贝的规格
操作 4	设置宝贝主图	根据所提供商品资料正确设置宝贝的主图，至少 5 张
操作 5	设置宝贝描述	根据所提供资料安排描述图片
操作 6	宝贝发布成功	能够查看成功发布的宝贝

试题 2

1. 在提供的素材 T2 的红色框中输入一句网店客服服务常用语，要求文字表达清晰，排版合理，语意明确，符合场景需求，保存操作结果。

2. 网店装修中"默认宝贝详情页"的最下面增加自定义模块,并将完成上一步骤的 T2 图片插入其中,保存操作结果。

解题步骤

操作步骤	操作方法	评分标准
操作 1	使用软件在素材 T2 的红色框中输入一句网店客服服务常用语	在红色框中输入一句网店客服服务常用语,要求文字表达清晰,排版合理,语意明确,符合场景需求,如"在为您服务的过程中,我们难免会出现失误与疏忽,如果您对我们有任何不满意,请联系我们的客服,我们将竭诚为您服务!"
操作 2	网店装修中"默认宝贝详情页"的最下面增加自定义模块,并插入上一步骤的图片	网店装修中"默认宝贝详情页"最下面增加自定义模块,插入上一步骤的图片

参考解题步骤图解:
操作 1 见图 3—108。

图 3—108 客户服务用语

操作 2 见图 3—109。

图 3—109 详情页添加自定义模块

试题 3

1. 登录试题 1 的"卖家中心"。
2. 在出售中的宝贝里，把试题 1 发布宝贝设置为下架，保存操作结果。
3. 将试题 1 发布商品的"其他信息"里的会员打折选择为"不参与会员打折"，保存操作结果。

解题步骤

操作步骤	操作方法	评分标准
操作 1	登录"卖家中心"	按要求登录"卖家中心"
操作 2	在出售中的宝贝里，把试题 1 宝贝设置为下架	把试题 1 宝贝设置为下架
操作 3	将试题 1 发布商品的"其他信息"里的会员打折选择为"不参与会员打折"	将试题 1 发布商品的其他信息里的会员打折选择为"不参与会员打折"

参考解题步骤图解：

操作 2 见图 3—110。

图 3—110 下架设置完成图

操作 3 见图 3—111。

图 3—111 会员打折设置

试题 4

1. 登录淘宝直通车，选择试题 1 发布的商品进行推广，保存操作结果。
2. 点击编辑商品名称为"高效玻璃油膜去除剂"，主图不变，保存操作结果。
3. 将系统推荐的前 5 个词语设置为关键词，默认出价均为 0.8 元，保存操作结果。
4. 设置日限额为 500 元，保存操作结果。
5. 设置投放区域为华东和华南，保存操作结果。

解题步骤

操作步骤	操作方法	评分标准
操作1	登录淘宝直通车，选择试题1发布的商品进行推广	选择试题1发布的商品进行推广
操作2	点击编辑商品名称为"高效玻璃油膜去除剂"，主图不变	编辑商品名称为"高效玻璃油膜去除剂"
操作3	将系统推荐的前5个词语设置为关键词，默认出价均为0.8元	将系统推荐的前5个词语设置为关键词设置正确，默认出价均为0.8元
操作4	设置日限额为500元	设置日限额为500元
操作5	设置投放区域为华东和华南	设置投放区域为华东和华南

● 仿真淘宝平台技能操作模拟考试及答案（四）

试题1

1. 李玉经理使用用户名 ali60292017218、密码 11223344 登录"卖家中心"。
2. 李玉为店铺添加商品分类：洗面奶、面霜、精华露、居家必备。
3. 李玉管理店铺图片空间，将图片空间中的图片素材分别归类到"洗面奶""面霜""精华霜"和"居家必备"四个文件夹中。
4. 李玉添加店铺售前客服员工姓名（杨洋），设置客服电话为832366765，并设置售前客服的权限（其他信息自拟）。

解题步骤

操作步骤	操作方法	评分标准
操作1	登录"卖家中心"	按要求登录"卖家中心"
操作2	添加商品分类	添加商品分类：洗面奶、面霜、精华露、居家必备
操作3	图片素材分别归类	将图片空间中的图片素材分别归类到"洗面奶""面霜""精华霜"和"居家必备"四个文件夹中
操作4	添加店铺售前客服员工	客服信息正确，售前客服权限设置正确

参考解题步骤图解：
操作2
第一步见图3—112。

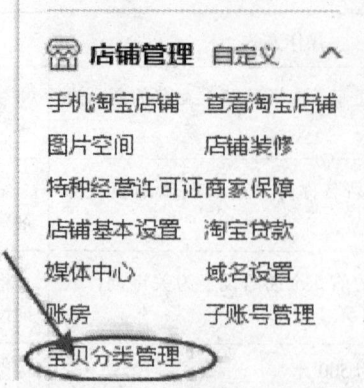

图 3—112　宝贝分类管理

第二步见图 3—113。

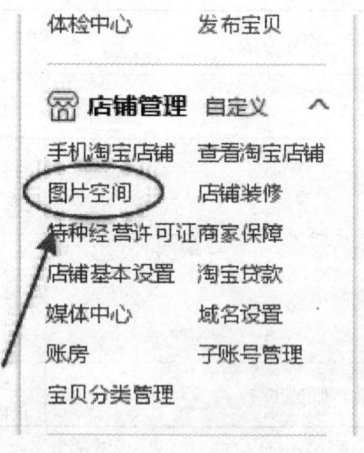

图 3—113　宝贝分类设置并保存

操作 3

第一步见图 3—114。

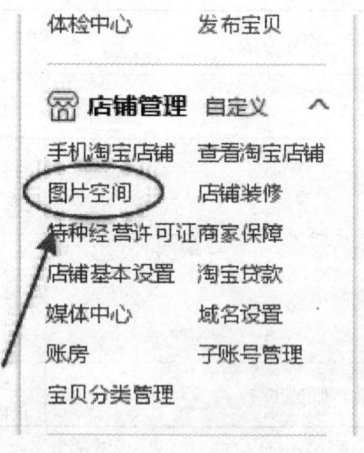

图 3—114　进入图片空间

第二步见图 3—115。

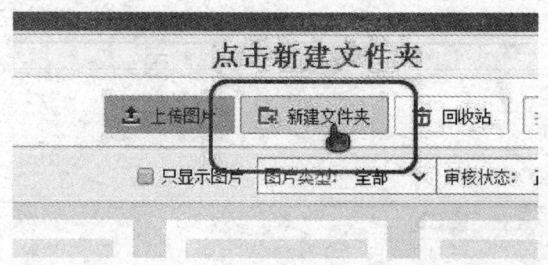

图3—115　图片空间新建文件夹并按要求命名

第三步见图3—116。

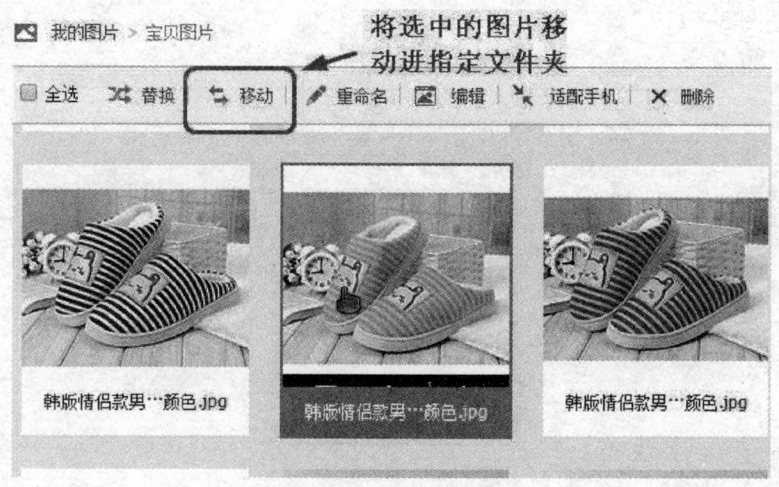

图3—116　图片移动进指定文件夹

操作4

第一步见图3—117。

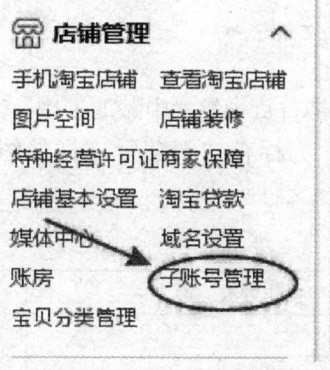

图3—117　子账号管理

第二步见图3—118。

图 3—118　新建员工账号

第三步见图 3—119。

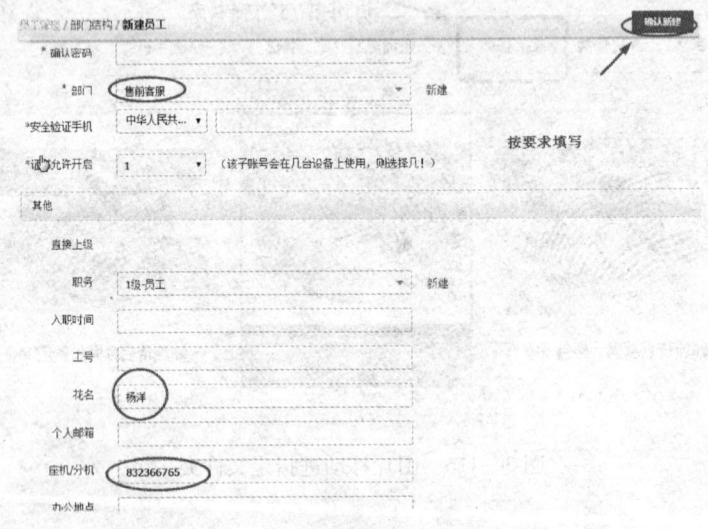

图 3—119　填写员工信息并保存

试题 2

1. 登录试题 1 的"卖家中心"。
2. 李玉要求美工雷思思在店铺首页导航栏中添加 T 恤、洗面奶、面霜、家居服、衬衫。
3. 修改店铺招牌（banner）为标有"清茹"字样的图片（替换所用的 banner 图片，已经上传至淘盘的"图片空间"文件夹中）。

解题步骤

操作步骤	操作方法	评分标准
操作 1	登录"卖家中心"	按要求登录"卖家中心"
操作 2	添加导航栏	在店铺首页导航栏中添加 T 恤、洗面奶、面霜、家居服、衬衫
操作 3	修改店铺招牌	修改店铺招牌（banner）为标有"清茹"字样的图片

参考解题步骤图解：
操作 2
第一步见图 3—120。

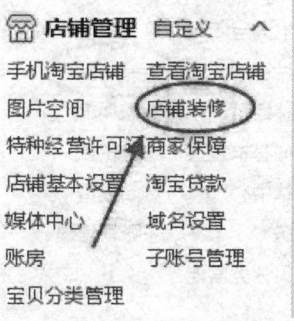

图 3—120 进入店铺装修

第二步见图 3—121。

图 3—121 编辑导航栏

第三步见图 3—122。

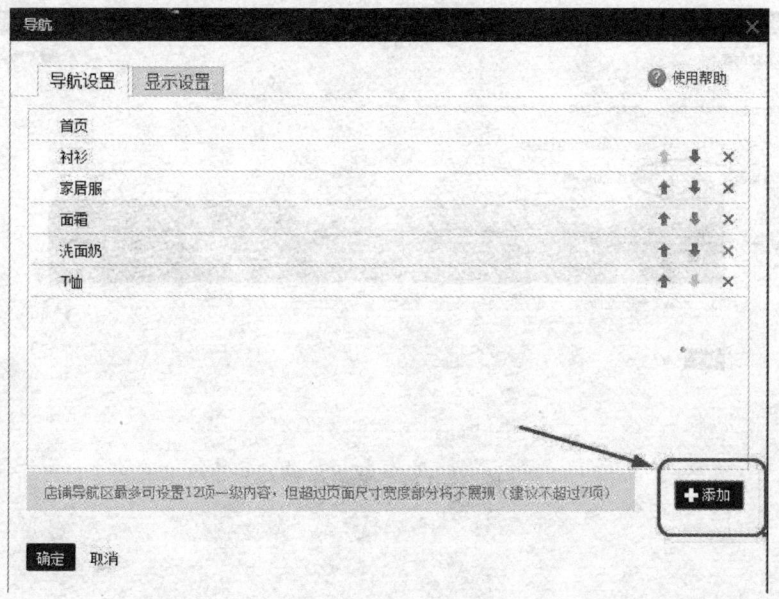

图 3—122 按要求添加导航栏

操作 3

第一步见图 3—123。

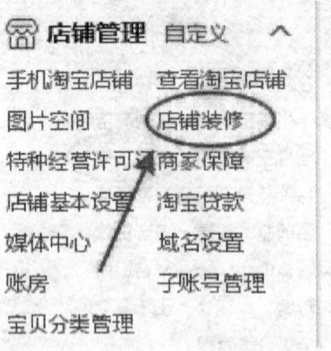

图 3—123　进入店铺装修

第二步见图 3—124。

图 3—124　编辑店招

第三步见图 3—125。

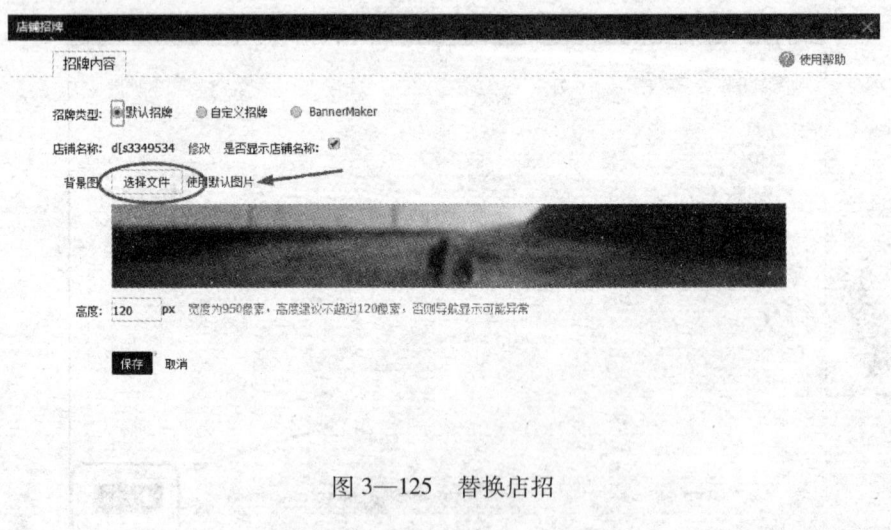

图 3—125　替换店招

试题 3

1. 推广主管黄田要对网店中的宝贝（曼秀雷敦男士冰爽活炭洁面乳）进行营销推

广。为了能够在搜索排名中排名较前，修改宝贝基本信息，添加以下四组最合适的一组宝贝标准是（　　）。

  A. 泡沫洁面乳、美白祛斑补水、洗面奶深层清洁、控油

  B. 曼秀雷敦、男士洗面奶、冰爽、活炭洁面乳

  C. 深层洁净、活炭控油、冰爽保湿、滋润美白

  D. 精萃保湿洁面膏、洗面奶、深层清洁、补水

2. 在宝贝描述中输入以下四组中最合适的一组是（　　）。

  A. 选购保湿洁面膏，洗面奶，深层清洁补水男女，想了解详情曼秀雷敦洗面奶，深层清洁补水男女

  B. 活泉补水洁面乳125 g深层清洁滋润，正品包邮洗面奶，需要请联系曼秀雷敦

  C. 选购曼秀雷敦温和液体洁面皂，洗面奶，女，深层清洁不刺激，请到第三方平台清茹化妆品有限公司选购

  D. 曼秀雷敦，男士洗面奶、冰爽、活炭洁面乳，深层洁净、活炭控油、冰爽保湿，请到平台清茹化妆品有限公司选购

3. 黄田登录试题1的"卖家中心"，申请直通车推广，选择曼秀雷敦男士冰爽活炭洁面乳，按标准推广每日预算限额100元，投放时间设置为周一20∶00开始至24∶00结束。

解题步骤

操作步骤	操作方法	评分标准
操作1	选择答案	答案：B
操作2	选择答案	答案：D
操作3	进行直通车推广	选择曼秀雷敦男士冰爽活炭洁面乳，按标准推广每日预算限额100元，投放时间设置为周一20∶00开始至24∶00结束

参考解题步骤图解：

操作3

第一步见图3—126。

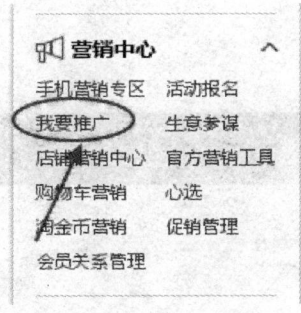

图3—126　进入"我要推广"

第二步见图3—127。

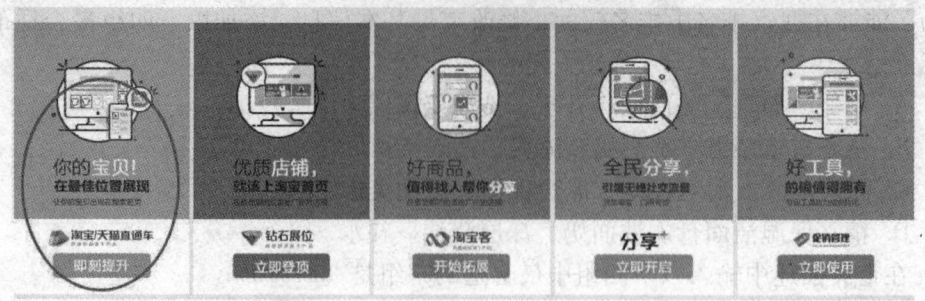

图 3—127 直通车推广

试题 4

1. 雷思思需要使用默认的储蓄卡为第三方支付平台账号（充值到余额）充值 1 000 元。相关信息如下：支付密码为 466534，验证码为 354572。

2. 为了便于物流管理，物流主管丁雷让李玉经理在卖家后台开通物流服务商，并设置运费模板、地址库及运单模板。其中，开通的物流服务商为顺丰速运，运费模板名称为"小件商品运费模板"，按件数计，快递：默认 1 件为 8 元，每增加一件加 0 元；指定西藏、青海、新疆首件为 15 元，每增加一件 5 元。

设置地址库模板，联系人：丁雷，公司名称：清茹化妆品有限公司，发货地址为：广东省广州市白云区黄园路 33 号国际创业园内 1 号楼，手机号码：198998308878，电话号码为：020—36773238，邮编：510000，设置为默认发货人。

解题步骤

操作步骤	操作方法	评分标准
操作 1	为第三方支付平台账号充值	充值成功
操作 2	开通物流服务商设置运费模板、地址库及运单模板	信息设置正确

参考解题步骤图解：

操作 1

第一步见图 3—128。

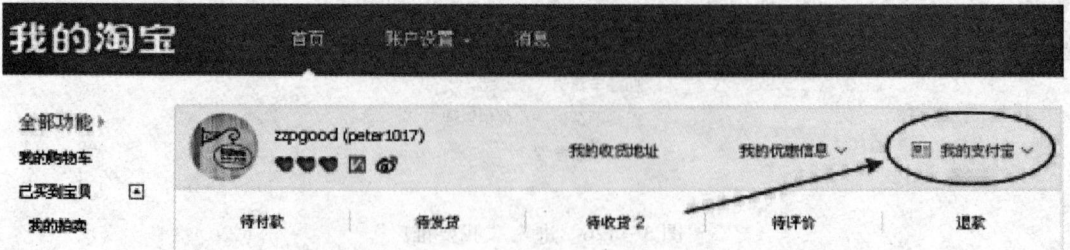

图 3—128 进入我的支付宝

第二步见图3—129。

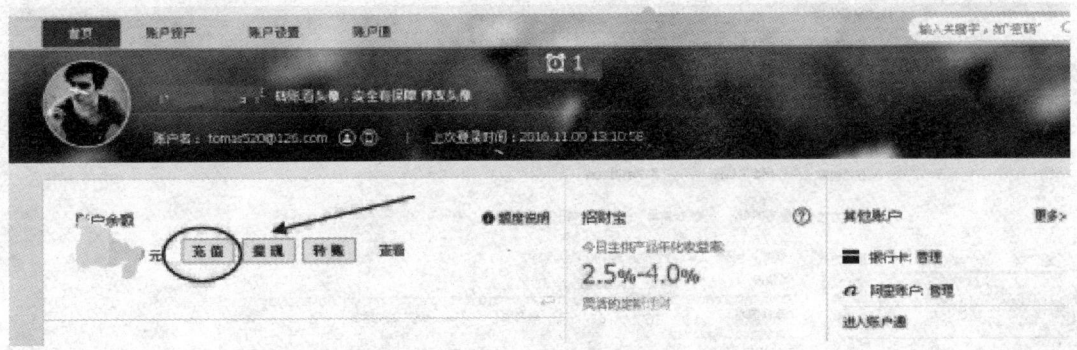

图3—129 充值

操作2

第一步见图3—130。

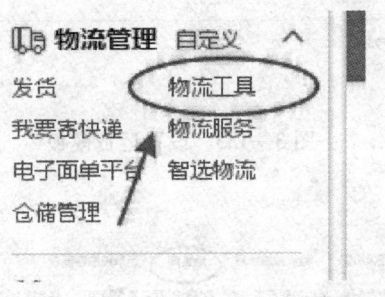

图3—130 进入"物流工具"

第二步见图3—131。

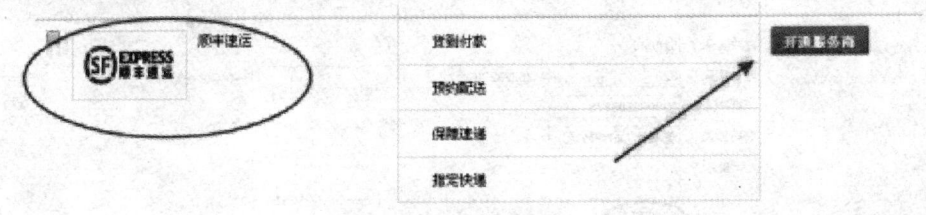

图3—131 开通服务商

第三步见图3—132。

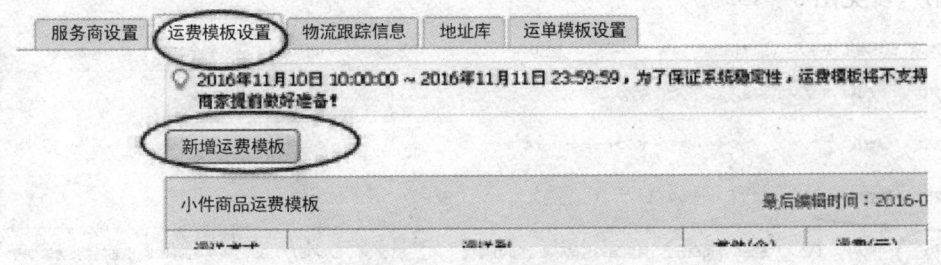

图3—132 添加运费模板

第四步见图 3—133。

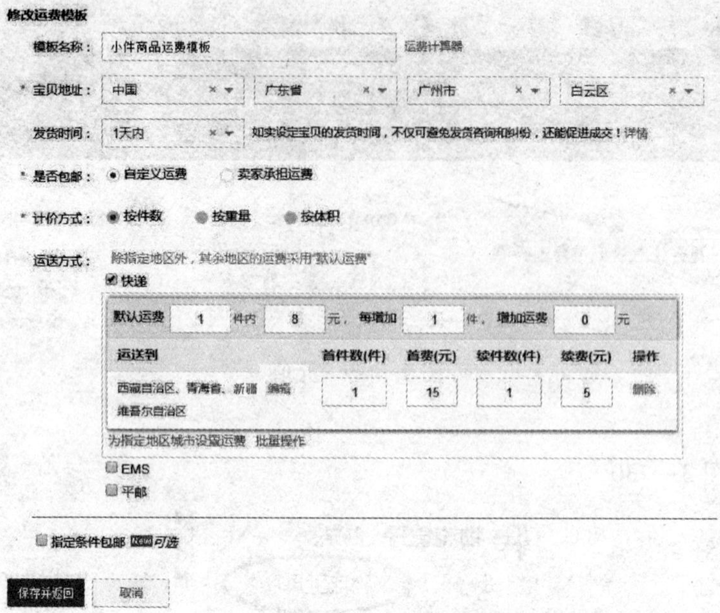

图 3—133 设置运费模板

第五步见图 3—134。

图 3—134 添加地址

第六步见图 3—135。

图 3—135 设置默认地址

第七步见图 3—136。

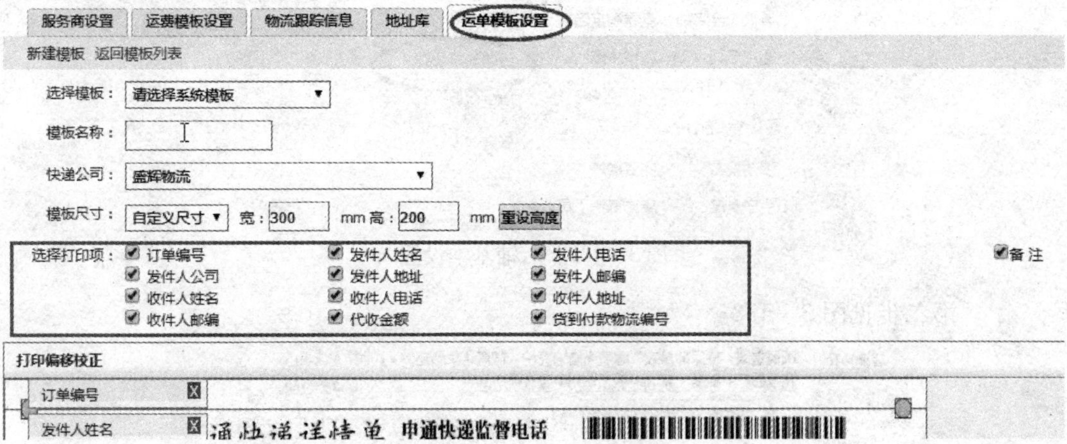

图 3—136　设置运单模板

仿真淘宝平台技能操作模拟考试及答案（五）

试题 1

1. 马宝强经理使用用户名 customer001、密码 buyer001 登录第三方平台"卖家中心"。
2. 马宝强修改店铺基本信息如下：

店铺简介：面膜定做、玻尿酸原液、酵素无硅油洗护、微商化妆品定做、广州化妆品厂、面膜、精油、手工皂蜗牛原液等产品；

联系地址：广东省-广州市-天河区-车陂街道　广州市天河区车陂路 109 号 X 座；

主要货源：自己生产；

店铺介绍：本公司承接化妆品 OEM、面膜定做，销售玻尿酸原液、酵素无硅油洗护用品，承接微商化妆品定做、面膜、精油、手工皂蜗牛原液等产品专业生产加工，拥有完整、科学的质量管理体系；

3. 设置完成后，马宝强为网店设置域名为：caibao. taobao. com。

解题步骤

操作步骤	操作方法	评分标准
操作 1	登录"卖家中心"	按要求登录"卖家中心"
操作 2	修改店铺基本信息	内容填写正确
操作 3	设置域名	网店设置域名为：caibao. taobao. com

参考解题步骤图解：

操作 2

第一步见图 3—137。

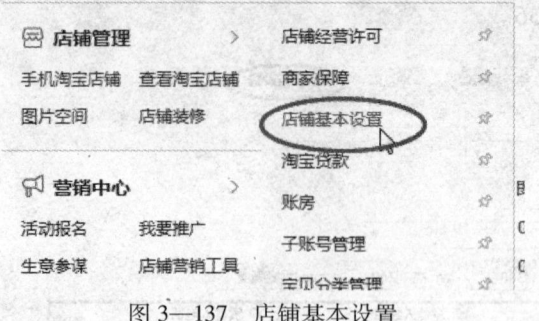

图 3—137　店铺基本设置

第二步见图 3—138。

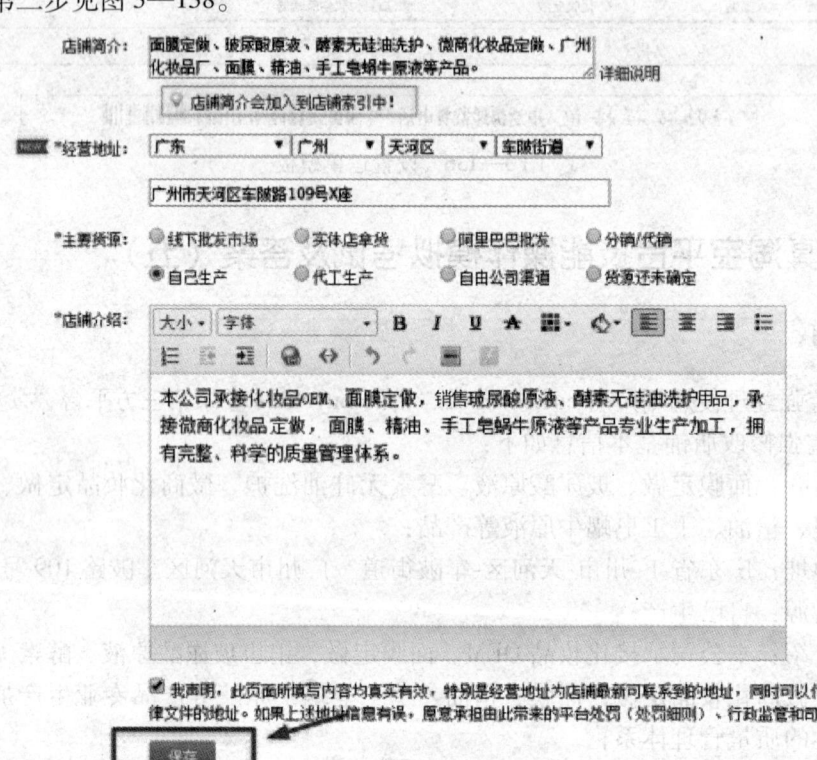

图 3—138　店铺信息填写

操作 3 见图 3—139。

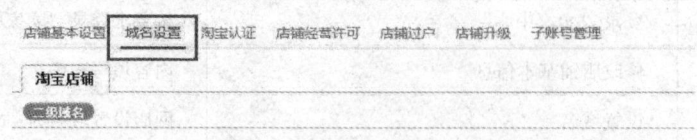

图 3—139　进入域名设置

试题 2

1. 马宝强经理为公司添加商品分类：面膜、精油、手工皂、洗面奶。
2. 马宝强管理店铺图片空间，将图片空间中的图片素材分别归类到"面膜""精油""手工皂"和"洗面奶"四个文件夹中。
3. 马宝强为了让部门结构更加清晰，需要修改子账户默认的部门结构名称，将以下几个部门名称进行调整：1)"运营"修改为"店铺运营"；2)"客服"修改为"销售客服"；3)"仓储"修改为"仓储物流"；4)"财务"修改为"财务管理"。

解题步骤

操作步骤	操作方法	评分标准
操作1	添加商品分类	添加商品分类：面膜、精油、手工皂、洗面奶
操作2	图片素材分别归类	图片素材分别归类到"面膜""精油""手工皂"和"洗面奶"四个文件夹中
操作3	修改部门结构名称	按要求修改四个部门名称

参考解题步骤图解：
操作3
第一步：进入子账号管理
第二步见图3—140。

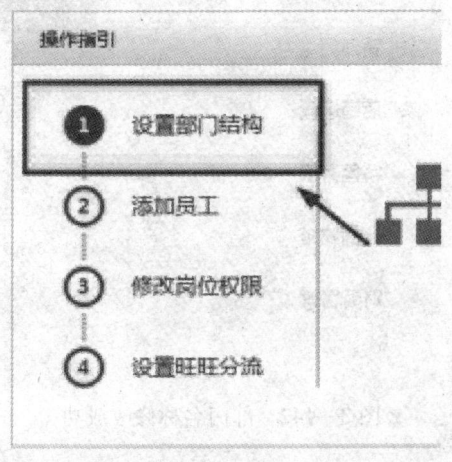

图3—140 进入"设置部门结构"

第三步见图3—141。

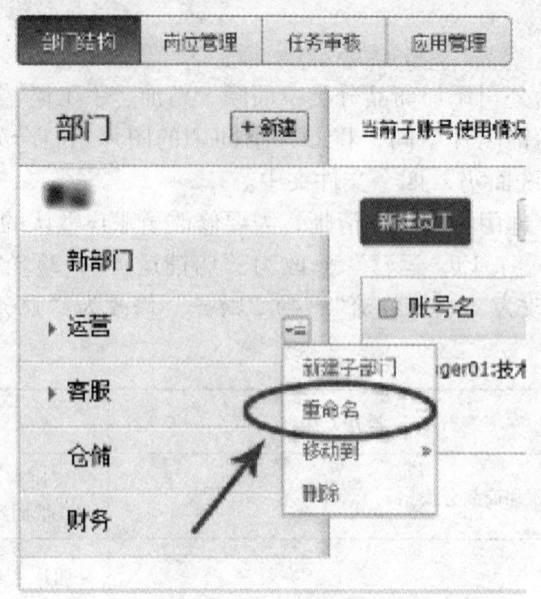

图 3—141　修改部门名称

第四步见图 3—142。

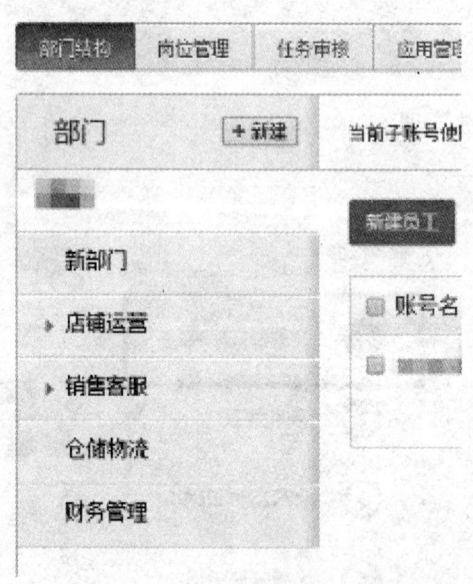

图 3—142　部门名称修改成功

试题 3

不提供素材,请使用 PhotoShop 的形状工具、选区工具和填充指令绘制如图 3—143 所示漫画,图片大小为 800 * 600 像素,图像分辨率为 72 像素,要求分层 PSD 格式。

图 3—143 题目完成效果图

解题步骤

操作步骤	操作方法	评分标准
操作 1	打开 PhotoShop，建立空白画布	打开 PhotoShop 建立空白画布，图片大小为 800＊600 像素，分辨率为 72 像素
操作 2	使用选区工具画出半圆，并填充相应颜色	能够正确画出半圆
操作 3	使用形状工具绘制人物、星星、月亮、小草、树木、蜗牛、对话框等	按题目要求画出相应细节
操作 4	在对话框中输入文字	文字输入正确
操作 5	保存图片为 PSD 分层格式	图片保存格式正确

试题 4

1. 在目前的【智·钻】上，有哪两种结算模式？请直接将答案填在答案区中。
2. 企业开展电子商务的效益主要有哪几种？请直接将答案填在答案区中。
3. 计费方式主要有哪几种？请直接将答案填在答案区中。
4. 马宝强进入公司店铺用支付宝打款给公司相关人员，准备进行支付宝打款时，发现钱财损失，怀疑信息被泄露，于是向阿里 110 报案。相关信息如下（其他信息自拟）：被泄露订单卖家淘宝账号：wx123456，被泄露订单的订单编号：THS548963123，您第一次接到骗子电话的时间：2016 年 1 月 1 日至 2016 年 1 月 2 日，收到的钓鱼链接：WX123456. qq. com。

其中，上传与骗子的聊天凭证，选择考生文件夹中的"聊天凭证-1"图片，并上传。

解题步骤

操作步骤	操作方法	评分标准
操作1	回答问题	参考答案：智钻有两种投放方式，CPC（按点击付费）和CPM（按展现付费），两种投放模式并存
操作2	回答问题	参考答案：1）降低采购价格；2）减少库存和产品的积压；3）缩短生产周期 4）更有效的客户服务；5）降低价格；6）新的销售机会
操作3	回答问题	参考答案：1）按展示计费，如 CPM 广告、CPTM 广告；2）按行动计费，如 CPC 广告、PPC 广告、CPA 广告、CPL 和 PPL 广告；3）按销售计费，如 CPO 广告、CPS 广告
操作4	进入安全中心，点击信息泄露，并按要求提供资料	能够成功提供资料并报警成功。

操作4

第一步：打开网址：https：//110.alibaba.com/或安全中心。

第二步：点击"我的信息被泄露"，见图3—144。

图3—144 选择报警种类

第三步：填写相应信息，见图3—145。

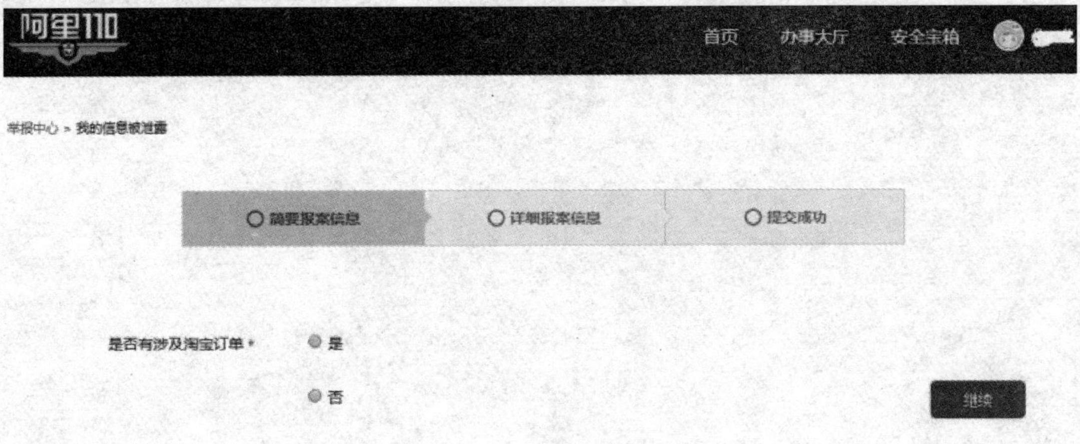

图 3—145　填写报案信息